I0119966

ジョン・コールマン

タヴィストック人間関係研究所

アメリカ合衆国の道徳、精神、文化、政治、経済の衰退を形成する

ジョン・コールマン

ジョン・コールマンは、イギリスの作家で、元秘密情報局のメンバーである。コールマンは、ローマクラブ、ジョルジオ・シーニ財団、フォーブス・グローバル2000、宗教間平和コロキアム、タヴィストック研究所、黒人の貴族など、新世界秩序のテーマに近い組織についてさまざまな分析を行っています。

タヴィストック人間関係研究所

アメリカ合衆国の道徳、精神、文化、政治、経済の衰退を形成する

The Tavistock Institute of Human Relations: Shaping the Moral, Spiritual, Cultural, Political, and Economic Decline of the United States of America

オムニア・ヴェリタス・リミテッドが翻訳・発行しています。

www.omnia-veritas.com

タヴィストック人間関係研究所は、アメリカやイギリスの道徳、精神、文化、政治、経済政策に大きな影響を与えています。アメリカ憲法を攻撃する最前線にいるのだ。アメリカ国民の大多数が第一次世界大戦に反対していた時期に、第一次世界大戦への参戦を促すプロパガンダをこれほど多く制作したグループはないだろう。

同じ戦術が、タヴィストックの社会科学者たちによって、アメリカを第二次世界大戦、韓国、ベトナム、セルビア、そしてイラクとの2つの戦争に巻き込むために使われた。タヴィストックは、トインビーが「偽情報のブラックホール」と呼んだ第一次世界大戦の直前、ロンドンのウェリントン・ハウスでプロパガンダの作成と普及を行う組織としてスタートした。また、トインビーは、ウェリントン・ハウスのことを「嘘の工場」と呼んだこともある。ウェリントン・ハウスは、やや初歩的なものからタヴィストック研究所となり、ドイツ、ロシア、イギリス、アメリカの運命を大きく左右することになった。これらの国の人々は、自分たちが「洗脳」されていることに気づいていなかった。マインドコントロール」「内的方向づけ」「大衆洗脳」の原点を、わかりやすく、権威ある文章で解説しています。

カトリック王朝の崩壊、ボルシェビキ革命、古い同盟と国境が破壊された第一次、第二次世界大戦、宗教の混乱、道徳の衰退、家庭生活の破壊、経済と政治過程の崩壊、音楽と芸術の退廃はすべてタヴィストック研究所の社会科学者が行った集団教化（集団洗脳）に起因しているのである。タヴィストックの教授陣の中には、ジークムント・フロイトの甥であるエドワード・バーネイズがいた。ドイツ第三帝国の宣伝大臣ゲッペルスは、バーネイズが考案した手法と、ウィリー・マンゼンバーグの手法を用いたと言われており、過去、現在、未来について、その異色の経歴が本書で語られている。タヴィストックがいなければ、第一次、第二次世界大戦も、ボルシェビキ革命も、韓国、ベトナム、セルビア、イラクでの戦争もなかっただろう。タヴィストックがいなければ、アメリカが解体や崩壊への道を突き進むことはなかったでしょう。

謝辞

妻のレナと息子のジョンが、表紙のデザインに関する提案、資料の調査や読み込みなど、本書の準備のあらゆる段階で提供してくれた手助け、励まし、長時間の作業、思慮深い批判に、私は計り知れない感謝の念を抱いています。

この本を書くことを私に勧め、書き始めるまで休ませてくれなかったアン・ルイーズ・ギトルマンとジェームズ・テンプルトン、日々の仕事をこなし、執筆に専念させてくれたレネーとグラント・マガンにも感謝している。また、Kinne McCabe博士とMike Granstonの誠実で絶え間ないサポートが、この仕事を完成させるための重要な要因となりました。

序文

タヴィストック人間関係研究所は、コールマン博士が単行本『*タヴィストック人間関係研究所-イギリスの対米支配*』でその存在を明らかにするまで、アメリカの人々には知られていなかった。それまで、タヴィストックは、1913年にロンドンのウェリントン・ハウスで活動を開始して以来、米国やその政府、国民の情勢を形成する役割を何とか秘匿していたのだ。

コールマン博士がこの極秘組織を暴露した最初の論文が発表された後、他の人々が著者を名乗り出たが、それを立証することはできなかった。

タヴィストック研究所は、差し迫った英独戦争に対する国民の強い抵抗を打ち破ることのできるプロパガンダ機関を作ることを目的に、ウェリントン・ハウスを拠点とするプロパガンダ作成・普及機関としてスタートした。

このプロジェクトはロスミア卿とノースクリフ卿に託され、彼らの任務は世論を操作し、その捏造された世論を望ましい方向に導き、イギリスによるドイツへの宣戦布告を支持することができる体制を作ることであった。

資金提供は、英国王室と、後にノースクリフ卿と婚姻関係にあるロスチャイルド家である。アーノルド・トインビーが「未来学部長」に選ばれた。リップマンとバーネイズという二人のアメリカ人が、第一次世界大戦参戦のためのアメリカ世論操作を担当し、ウッドロウ・ウィルソン大統領に情報提供と指示を行うことになった。

ウェリントン・ハウスでのやや初歩的な始まりから、ドイツ、イギリス、特にアメリカの運命を形作る恐ろしく効果的な構造が、一般に「大衆洗脳」と呼ばれる非常に洗練された方法で世論を操作し創造していったのである。

タヴィストックは、その歴史の中で規模を拡大し、1937年にはドイツの作家オズワルド・シュペングラーの記念碑的作品「*Untergange des Abenlandes*（*西洋の衰退*）」を手本にすることが決定されるなど、野心的な活動を展開していた。

先にウェリントン・ハウスの理事であったロスミア、ノースクリフ、リップマン、バーネイズは、コレア・モイラン・ウォルシュの著作、特に『*文明のクライマックス*』（1917年）を読み、一世界政府における新世界秩序の出現の前に作られるべき条件に深く対応するものとして指針として提供している。

この事業では、役員は英国王室と相談し、「オリンピアン」（300人委員会のハードコア）の賛同を得て、戦略を練ることになった。資金提供は、王室、ロスチャイルド家、ミルナーグループ、ロックフェラー家のトラストなどであった。

1936年には、スペングラーの記念碑的著作が、後にタヴィストック研究所となるところの注目を浴びることになる。12年足らずの間に2度目の世論を変え、再形成するために、理事会の全会一致で、シュペングラーの大著が、西洋文明の衰退と必要な没落をもたらし、一つの世界政府の中に新世界秩序を創造し確立するための新しい作業モデルの青写真として採用された。

シュペングラーは、西洋文明に外来の要素がどんどん入ってくるのは必然で、西洋はこうした外来の形態を追い出すことができず、その結果、内面の信念や確固たる信念が外側の職業と対立し、西洋文明がギリシャやローマの古代文明のように溶解していく社会としての運命を決定付けると考えたのである。

タヴィストックの考えでは、シュペングラーは、ローマ文明がそうであったように、西洋文明も溶解する外来要素を追い出すように教え込んだのである。第二次世界大戦の直前に始まったヨーロッパ、特にスカンジナビア、イギリス、ドイツ、フランス（アングロサクソン、ノルディック、アルプスのゲルマン民族）に降りかかった遺伝子の損失は、すでに予想を超えるほど大きく、タヴィストックの管理者の専門家の指示で驚くべき速度で続いています。

以前は非常に珍しかった、黒人男性と白人女性の結婚、またはその逆が普通に行われるようになった。

二度の世界大戦で、ドイツは人口の4分の1近くを失った。ドイツ国民の知的エネルギーのほとんどは、祖国防衛のための戦争に転用され、科学、芸術、文学、音楽、国民の文化的、精神的、道徳的進歩が損なわれてしまったのだ。同じことが、イギリスという国にも言える。タヴィストック率いるイギリスが仕掛けた火事は、スペングラーの予言と一致するタヴィストックの計画通り、ヨーロッパ全土に火を放ち、計り知れない被害をもたらした。

古典文明と西洋文明は、世界に近代ルネサンスをもたらすことができる唯一のものである。これらの文明がアングロサクソン、ノルディック、アルパイン、ゲルマン民族の支配下にある限り、繁栄と発展を遂げてきたのだ。文学、芸術、古典の比類なき美しさ、女性の精神的・道徳的向上とそれに見合った高度な保護が、西洋文明と古典文明を他と区別する要因であった。

シュペングラーは、この砦がますます攻撃されていると考え、タヴィストックの思想は、全く異なる目的を持って、平行した道を歩んでいた。タヴィストックは、この文明が新世界秩序の到来を妨げるものであり、また、女性の性を保護し、大きな尊敬と名誉の場に高めることに重点を置いていると考えた。

このように、タヴィストックは、女性性、および西洋文明の基礎となる人種的、道徳的、精神的、宗教的基盤を攻撃することによって、西洋を「民主化」しようとしたのである。

スペングラーが示唆したように、ギリシャ人とローマ人は社会的、宗教的、道徳的、精神的な進歩と女性性の保持に専念し、彼らが支配力を持ち、一般市民が支援する限られた数の責任ある市民によって政府が運営され、全員が同じ純粋で混じりけのない人種であるように物事を手配できる限り、成功したのである。タヴィストックの計画者たちは、西洋文明のバランスを崩すには、支配権をふさわしい者からふさわしくない者に移すことによって、民族に好ましくない変化を強いることだと考えた。古代ローマの支配者が、かつての奴隷や、自分たちが許した外国人に取って代わられたように。

1937年までに、タヴィストックはウェリントン・ハウスで始まり、1913年には戦争に強く反対していたイギリス国民を、操作術と報道機関の快い協力によって、進んで参加するように仕向けたプロパガンダキャンペーンの成功から、長い道のりを歩んでいた。

この手法は、1916年、大西洋を越えて、アメリカ国民を操り、ヨーロッパでの戦争を支持させるために応用された。少なくとも50人の上院議員を含む大多数は、貿易と経済をめぐる英仏とドイツの対立にアメリカが巻き込まれることに断固として反対していたにもかかわらず、陰謀家たちは動じなかった。この時、ウェリントン・ハウスは、アメリカの戦争参加に反対するアメリカ人を蔑称として「アイソレーショニスト」という言葉を紹介したのである。タヴィストック社の社会科学者たちの専門的な洗脳のもとで、これらの言葉やフレーズの使用は広まっていった。政権交代」「巻き添え」という言葉が一般的になった。

バーネイズとリップマンは、タヴィストックの計画をアメリカの状況に合わせて修正し、ウッドロウ・ウィルソン大統領を率いて、タヴィストックから発せられるプロパガンダによって作られたいわゆる世論を調査（製造）するための最初の方法論を打ち立てたのだ。彼らはまた、ウィルソンに、戦争努力を管理する「マネージャー」の秘密部隊と、大統領の意思決定を支援する「アドバイザー」の部隊を設置するよう教えた。クリール委員会は、このような意見表明を行う機関として、米国で初めて作られた。

ウッドロウ・ウィルソンは、社会主義的な「一つの世界政府」の中での新世界秩序の構築を支持すると公言した最初のアメリカ大統領である。彼の新世界秩序への目覚しい受容は、彼の著書『*新しい自由*』に記されている。

彼の」本というが、実は社会主義者のウィリアム・B・ヘイルが書いたものである。ウィルソン、資本主義を糾弾。「庶民の暮らしに反し、経済に停滞をもたらした」とウィルソンは書いている。

しかし、当時のアメリカ経済は、歴史上類を見ないほどの繁栄と産業の拡大が続いていた。

> 「アメリカは血を流すような革命ではなく、静かな革命なのだ。国の組織的な生活が、あらゆる面で政府の活動によって支えられ、あるいは少なくとも補われる時代が来る前夜にあるのだ。そして今、これがどのような種類の政府の活動なのか、第一に政府自身によって指示されるのか、それともすでに形成され、政府の代わりをする準備が整っている手段を通じて間接的に行われるのかを

決定しなければならない。"

ウィルソン大統領のもとでアメリカがまだ中立国であった頃、ウェリントン家はドイツについて、そしてそれがアメリカにとって脅威であると思われることについて、着実に嘘を流し続けていた。

私たちは、1814年のバクーニンの発言を覚えている。この発言は、ウィルソンが自分の主張を支持するために用いたとんでもないプロパガンダと非常によくマッチしていた。

> 「外交で嘘をつく：外交には他に使命がない。ある国家が他の国家に宣戦布告しようとするときは、まず自国の国民だけでなく、全世界に向けてマニフェストを発表することから始める。
>
> このマニフェストでは、法と正義は自分の味方であると宣言し、自分が平和と人類（と民主主義）への愛に駆られていること、寛大で平和な感情に包まれて、敵の不義が増すまで長い間黙って苦しんできたが、剣を掲げざるを得なくなったことを証明しようと努めているのです。
>
> 同時に、あらゆる物質的な征服を避け、領土の増加を求めず、正義が回復され次第、この戦争に終止符を打つことを誓います。そして、その敵対者は、同じようなマニフェストで応じる。そこでは、当然、正義、人道、あらゆる寛大な感情がそれぞれ味方になっている。この互いに対立するマニフェストは、同じように雄弁に書かれ、同じように義憤を吐き出し、一方はもう一方と同じように誠実で、つまり、どちらも嘘にまみれた恥知らずで、それに欺かれるのは愚か者だけである。良識のある人、政治経験のある人は、このような文章を読もうともしない」。

ウィルソン大統領は、議会で憲法に基づく宣戦布告を求める直前の宣言で、バクーニンの心情の一つひとつを体現している。

彼は「外交のための嘘」をつき、ウェリントン・ハウスで作られた粗雑なプロパガンダを使って、1914年にベルギーを進軍したドイツ軍が犯した残虐行為の話でアメリカ国民を扇動した。しかし、これはタヴィストックの宣伝工作によって、真実のように見せかけられた巨大な嘘であったことがわかる。

5年間かけて徹底的に研究した大英博物館で、大量の古新聞の束に目を通したのを覚えています。新聞は1912年から1920年までをカバーしています。当時、「新世界秩序の全体主義的社会主義政府への突進を、自由の砦であるはずのアメリカが主導しているなんて、すごいことじゃないか」と思ったことを覚えています。"

そして、300人委員会は、米国のあらゆるレベル、銀行、産業、商業、防衛、国務省、さらにはホワイトハウスに至るまで、その関係者がいることが、私にははっきりとわかった。言うまでもなく、米国上院というエリートクラブは、単に新世界秩序を推進するための場だと私は考えているのだ。

ウィルソン大統領のドイツとカイザーに対するプロパガンダの爆発（実際はロスチャイルドのエージェントであるノースクリフ卿とロスミア卿、そしてウェリントンハウスのプロパガンダ工場による成果）は、真珠湾「でっち上げ状況」やトンキン湾「事件」とあまり変わらないことに気づいたのである。振り返ってみると、1914年にドイツ兵がベルギーの幼い子どもたちの手足を切り落とした残虐なプロパガンダの嘘と、アメリカ国民を騙してブッシュ政権のイラク侵攻を許した手法に、何の違いもないように思える。1914年にはカイザーが「野蛮な獣」「冷酷な殺人者」「怪物」「ベルリンの虐殺者」であったのに対し、2002年にはフセイン大統領が「バグダッドの虐殺者」を含むこれらすべてであり、それ以上であった。騙され、騙され、騙され、加担し、信用するアメリカって可哀想！？いつになったら学ぶんだ？

1917年、ウッドロウ・ウィルソンは新世界秩序のアジェンダを下院と上院に押し通した。そしてブッシュ大統領は2002年、イラクに対する新世界秩序のアジェンダを議論なしに下院と上院に押し通し、権力の恣意的行使と合衆国憲法への露骨な違反で、アメリカ国民が大きな代償を払っているのだ。しかし、アメリカ国民はタヴィストック人間関係研究所によるトラウマショックを受け、夢遊病のような状態で、真のリーダーシップを発揮できないでいるのです。

値段がわからないし、調べようともしない。300人委員会は、ウィルソン大統領やルーズベルト大統領の時代と同じように、アメリカ国民が「パンとサーカス」に気を取られている間、アメリカを動かし続けている。ただし、今日は野球、サッカー、終わりのないハリウッド作品、そして社会保障である。何も変わっていない。

嫌がらせを受け、狩られ、押され、突き飛ばされたアメリカは、タヴィストック人間関係研究所の科学者に乗っ取られた急進的な戦争党の共和党によって、新しい世界秩序への道を突き進んでいるのである。

つい最近も、購読者から「タヴィストック研究所はどこにあるのか」という質問を受けました。私の答えは、"アメリカの上院、下院、ホワイトハウス、国務省、国防総省、ウォール街、Fox T.V. (Faux T.V.) を見渡せば、それぞれの場所で彼らのチェンジエージェントを見ることができる" というものだった。

ウィルソン大統領は、先に述べたウェリントン・ハウスのバーネイズとリップマン夫妻が指導・監督する文民委員会を通じて戦争を「管理」した最初のアメリカ大統領であった。

ウェリントン・ハウスの大成功とアメリカ史への多大な

影響は、それ以前の1913年に始まっている。ウィルソンは、アメリカの国内市場が「自由貿易」に席巻されるのを防ぐため、保護貿易関税の撤廃に1年近く費やしていた。この保護貿易関税は、本質的に、インドの低賃金労働者によって作られた安価なイギリス製品がアメリカ市場に溢れるのを許していたのだ。1913年10月12日、ウィルソンは、長い間フェビアン社会主義者のターゲットであったアメリカ独自の中産階級の終わりの始まりとなる法案に署名した。この法案は「関税の調整」のための措置と説明されたが、「関税の破壊」のための法案と表現した方が正確であっただろう。

ウェリントン・ハウスの隠された力は、大多数のアメリカ国民がこの嘘を受け入れ、それがアメリカ貿易の命取りになり、NAFTA、GATT、北米自由貿易協定、そして世界貿易機関（WTO）の創設につながったことを知らない、あるいは気づいていないことであった。さらに驚いたのは、貿易関税に代わる連邦政府の収入源として、1913年9月5日に成立した連邦所得税法が受け入れられたことである。所得税はマルクス主義の教義であり、合衆国憲法にも連邦準備銀行にも登場しない。ウィルソンは、憲法に反対する2回のストライキを「国民のため、ビジネスの自由のための戦い」と呼び、「偉大な事業の完成に参加したことを誇りに思う...」と述べた。ウィルソンが「国家の銀行・金融システムの再構築」と説明した連邦準備法は、ウェリントン議院からのプロパガンダの洪水とともに、第一次世界大戦の恐怖を解き放つ敵対行為に間に合わせ、急いで通過させられた。

ほとんどの歴史家は、連邦準備銀行法の成立がなければ、グレイ卿はこの恐ろしい炎を解き放つことはできなかったと認めている。

連邦準備法の欺瞞的な表現は、バーネイズとリップマンの指示の下に、悪名高いサミュエル・アンターマイヤーを会長とする「全国市民連盟」を作り、国民のお金と通貨の支配権を得て、被害者の同意なしに民間独占企業に譲渡した連邦準備銀行を推進するために行われた。

外国人金融奴隷制の施行にまつわる最も興味深い歴史的要素の一つは、この法案がウィルソンの署名のために送られる前に、ウェリントン家と銀行家J・P・モルガンが代表する英国寡頭政治家の代表として、不吉なエドワード・マンデルハウス大佐にコピーが渡されたことである（彼自身もロンドン・パリのロスチャイルド家のエージェントであった）。

アメリカ国民は、この悲惨な措置が誰の名で行われたのか、自分たちがいかに欺かれ、完全に騙されたのか、全く理解できなかったのだ。奴隷の道具が、気づかぬうちに彼らの首に巻きついていたのだ。

ウェリントン・ハウスの方法論は、ウィルソンが、当時ヨーロッパで激化していた戦争にアメリカを巻き込まないという厳粛な約束で当選したにもかかわらず、ドイツへの宣戦布告を議会に説得する方法を指導されたときに最高潮に達し、世論形成という新しい技術に大勝利を収めたのだった。世論調査の質問は、問題や政治学のプロセスに対する理解ではなく、国民の意見を反映するようなニュアンスだった。

筆者が1910年から1920年にかけて行った広範な調査と議会記録の読み込みによって、ウィルソンが1913年12月23日に不正な「通貨改革」法案に署名していなければ、H.G.ウェルズが予言したアメリカを支配する秘密の並行政府が、ヨーロッパでの戦争にアメリカの膨大な資源を投入できなかったであろうことがはっきりと判明した。

モルガン家は、300人委員会の「オリンピアン」を代表し、ロンドン・シティにあるその全権を持つ金融ネットワークによって、「米国連邦準備銀行」の創設に主導的役割を果たした。この銀行は「連邦」でも「銀行」でもなく、アメリカ国民の首に縛り付けられた民間の貨幣生成独占機関で、その資金は今や自由に想像を絶する規模で盗まれ、将来の「一つの世界政府」における新世界秩序の奴隷となるのである。1930年代の世界恐慌は、第一次世界大戦に次いで、アメリカ国民が払わなければならない大きな破滅的なツケを払うことになった。(添付資料参照)

しかし、偉大なハロルド・マッキンダー卿のような重要人物が、新世界秩序の到来を確信していたことを考えると、本書は懐疑的であろう。

それ以上に、独裁国家になる可能性を示唆したのだ。ハロルド卿は、ロンドン大学の地理学の教授、1903年から1908年までロンドン・スクール・オブ・エコノミクスのディレクター、1910年から1922年まで国会議員を務めるなど、素晴らしい経歴の持ち主であった。また、ウェリントン・ハウスの中心人物であったアーノルド・トインビーとも親交があった。彼は、地政学的に驚くべき出来事の数々を正確に予言し、その多くが現実のものとなっている。

その「予言」の1つが、ドイツ社会民主共和国とドイツ連邦共和国という2つのドイツ国の建国であった。批評家たちは、彼がこの情報をトインビーから得た、つまり、トインビーが知っていた300人委員会の長期計画であった、と指摘している。

ウェリントン・ハウスの後、トインビーは王立国際問題研究所（RIIA）に移り、さらにロンドン大学では国際史の講座を担当した。著書『*アメリカと世界革命*』*の中で*、彼はこう述べている。

> 「集団自殺を避けたいのであれば、世界国家を早く作る必要があり、それはおそらく、最初に非民主的な形で持つことを意味します。今できる最高のモデルで、今から

> 世界国家の建設を始めなければならないだろう。"

トインビーは、この「グローバルな独裁」が「現在の地政学的地図に散在するローカルな国民国家」に取って代わらなければならないと言い続けている。

新世界の国家は、大衆のマインドコントロールとそれを容認させるプロパガンダに基づいて設立されることになっていた。私は拙著『*300人委員会*』（[1]）で、バーネイズが1923年と1928年の著書『*プロパガンダ*』『*世論の結晶*』で世論調査を「糾弾」していることを説明した。

その後、エンジニアリングの同意を得ています。

> 自己保存、野心、プライド、飢え、家族や子供への愛、愛国心、模倣、リーダーになりたい、ゲームへの愛 -
> これらやその他の動機は、すべてのリーダーが大衆を自分の視点に獲得するための努力において考慮しなければならない心理的原料である...
> 自信を保つために、ほとんどの人は自分が信じるものすべてが真実であると確信する必要があります。

これらの著作は、タヴィストック階層が、米国と英国を支配し、H.G.ウェルズが最初に示唆したような公然の陰謀を実現したことにほくそ笑むのに十分な安心感をもって執筆したことを付け加えておきたい。

英国王室、後にはロックフェラー、ロスチャイルド、米国が出資したウェリントン・ハウスの出現により、西洋文明は世界を動かす秘密政府、すなわち300人委員会を規定する計画の第一段階に入ったのである。

タヴィストック人間関係研究所は、その発展形です。本書は『300人委員会』に関するものではないので、読者は第1巻と第2巻の『*300人委員会』を入手されることを*お勧

---

[1]オムニア・ヴェリタス・リミテッド発行。

めする。[2]

300」の綿密な計画に従って、2005年末の今日、西洋文明の歩みをたどることは、識者にとって極めて容易なことである。少なくとも、本書はそのための試みである。

[2]*陰謀者たちの階層、300人委員会の歴史*、オムニア・ヴェリタス社、www.omnia-veritas.com。

第1章

世界初の洗脳研究所を設立

ウェリントン・ハウスでささやかに、しかし極めて重要な活動を始めたタヴィストック人間関係研究所は、世界初の極秘「洗脳」研究所として急成長を遂げました。この急速な進歩がどのようにして実現されたのか、説明する価値がある。

ロンドンのウェリントン・ハウスで、ノースクリフ卿とロスミア卿の指導のもと、大衆世論操作の近代科学が誕生したのである。

イギリス王室、ロスチャイルド卿、ロックフェラー家が事業資金を負担していた。ウェリントン・ハウスで働く人々の目的は、ドイツとの戦争に断固として反対するイギリス国民の意見を変えることであり、それは世論調査による「意見形成」という困難な作業であったことが、今回調査させていただいた資料から明らかになった。このチームには、後に王立国際問題研究所（RIIA）の研究部長となるアーノルド・トインビー、ノークリフ貴族、アメリカ人のウォルター・リップマンとエドワード・バーネイズがいた。

バーネイズは、1891年11月22日、ウィーンで生まれた。精神分析の父ジークムント・フロイトの甥で、「パブリック・リレーションズの父」と呼ばれることもあるが、その称号はウィリー・マンゼンバーグのものである。バーネイズは、心理学やその他の社会科学を使って世論を形成し、大衆がその捏造された意見を自分たちの意見であると信じるようにした先駆者である。

「集団心理のメカニズムと動機を理解すれば、大衆の知らないところで、大衆を意のままにコントロールし、統治することが可能になる」とバーネイズは提唱したのである。彼はこの手法を「同意のエンジニアリング」と呼んだ。この目標を達成するための彼の最も有名なテクニックの1つは、彼が第三者的権威と呼ぶものを間接的に利用して、望ましい意見を形成することだった。「もしあなたがリーダーに影響を与えることができれば、彼らが意識的に協力するかどうかにかかわらず、あなたは自動的に彼らが影響する集団に影響を与えることができます。彼はこの手法を「オピニオンメイキング」と呼んだ。

おそらく、ウィルソン、ルーズベルト、クリントン、ブッシュ・シニア、ジュニアが、自国民が決して関わってはならない悲惨な戦争に、いかに簡単にアメリカを引きずり込むことができたかを理解し始めることができるだろう。

英米の参加者は、目前に迫った戦争への支持を動員するために、未知のテクニックに注目したのである。

しかし、トインビー、リップマン、バーネイズは、世論調査による世論操作のテクニックを駆使して、これを変えようとした。ここでは、イギリスとアメリカを第一次世界大戦に参戦させるために考案され、実行された手法と、二つの世界大戦の間、そしてそれ以降に実践された手法を振り返る。後述するように、プロパガンダが大きな役割を果たすことになった。

タヴィストックの主な目的のひとつは、女性の劣化を実現することだった。タヴィストックは、イエス・キリストが、彼の出現以前には存在しなかった、文明の秩序の中で女性性に新しく立派な地位を与えたことを認識していた。

キリストの宣教後、女性はキリスト教以前の文明にはなかった尊敬と社会的地位を獲得した。もちろん、ギリシャ・ローマ帝国にもそのような高い地位があったという議論はあり、それはある程度事実だろうが、それでもキリスト教後の社会で女性が置かれた地位とはあまりにもかけ離れていると言わざるを得ない。

タヴィストックはこれを変えようと、第一次世界大戦直後からその活動を開始した。モスクワのルス（バイキング）王子がコンスタンティノープルからもたらした東方正教会は、女性性を尊び尊重し、後に彼らが倒してロシアから追い出したハザールとの経験から、ロシアでは女性性を守ろうと決意した。

ロマノフ王朝の創始者ミハエル・ロマノフは、キリスト教国であるロシアを守ってきた貴族の末裔である。1613年以降、ロマノフ家はロシアを高貴にし、キリスト教の偉大な精神を吹き込もうとしたが、それは同時にロシア女性の保護と名誉を意味するものであった。

ドンスコイ公爵率いるモスクワ貴族は、ドンスコイがヴォルガ川下流域に住んでいたハザリア人の大軍を打ち破り追放したことで、ロスチャイルド家のロシアに対する憎しみを一身に受けることになったのだ。このインド・トルコ系の謎の野蛮な戦士の国は、ハザール人の偉大な神官・魔術師・魔法使いであるダヴィッド・エル・ロワによってユダヤ教が承認された後、ブラント王の勅令によってユダヤ教を採用したのである。

ロシアから追放され、ポーランドに移住したハザリア民族の公式旗となったのは、現在「ダビデの星」と呼ばれているエル・ロワの個人旗であった。

この旗は、後にシオニストの標準として採用され、今でも「ダビデの星」と間違って呼ばれることがある。クリスチャンは旧約聖書のダビデ王と混同しているが、実際には両者に関連性はない。

1612年、ロマノフ王朝がロシア軍をポーランドに派遣し、かつてロシアに属していたポーランドの大部分を占領すると、ロシアへの憎悪はさらに高まった。

ロシアに対する敵意の主役はロスチャイルド王朝であり、タヴィストックはこの憎悪を利用して、西洋文明の破壊を目論んだのである。

タヴィストックの最初のチャンスは、1905年、日本海軍がロシア艦隊を攻撃し、完全に驚かせた時であった。この軍事演習は、ロスチャイルドとつながりのあるウォール街の銀行家ジェイコブ・シフが資金を提供した。

ロシア艦隊が旅順港で奇襲を受けて敗れたことは、キリスト教ヨーロッパに降りかかる憂鬱の始まりであった。ロックフェラーのスタンダード・オイル・グループは、タヴィストックに導かれ、「300人」の力を借りて、日露戦争を組織したのである。その資金は、ジェイコブ・シフ氏から提供されたものだが、実はロックフェラー社の一般教育委員会から提供されたもので、その目的は黒人教育への資金援助とされていた。理事会のプロパガンダや宣伝はすべて、当時ウェリントン・ハウスと呼ばれていたタヴィストックの社会科学者が書き、デザインしたものだった。

1941年、ロックフェラーのもう一つのフロント組織である太平洋問題研究所（IPR）は、東京にある日本のカウンターパートに巨額の資金を支払っていた。そして、その資金は、ロシアのスパイマスターであるリヒャルト・ゾルゲが、日本に真珠湾攻撃をさせるために、皇室の一人に流し込んだのである。ここでも、IPRの出版物はすべてタヴィストック社から提供されている。

まだ明らかではないが、シュペングラーが1936年に出版した記念碑的著作の中で言及しているように、これは旧秩序の終わりの始まりを意味するものである。ほとんどの既成の歴史記述に反して、「ロシア」革命はまったくロシア革命ではなく、主に300人委員会とその武装組織であるタヴィストック研究所が支持する外国のイデオロギーであり、驚き、準備不足で狼狽したロマノフ一家に暴力的に押し付けられたのだ。

それは、タヴィストックが得意とする政治戦争、低レベルの戦争、心理戦争であった。

ウィンストン・チャーチルは、「レーニンを密閉したトラックで、ペスト菌のようにスイスからロシアに運んだ」、そして、「レーニンとトロツキーがロシアに定着した」と述べている。

レーニンとボルシェビキの革命家たちを戦乱のヨーロッパを無事に運び、ロシアに預け、そこで「ロシア革命」と誤って呼ばれる輸入ボルシェビキ革命を始めた「有鉛貨車」「密閉貨車」「密閉列車」について多くのことが書かれている（しかし、ほとんどいつも物語の単なる追記のように、一瞥するだけである）。

著者がウェリントン・ハウスで研究する機会に恵まれた文書と、アーノルド・トインビー文書やブルース・ロックハートの私文書で明らかになったことは、トインビーと英国秘密情報部MI6のブルース・ロックハート、そして表向きはサンクトペテルブルクの法廷に忠誠と友好を示している少なくとも5つのヨーロッパ諸国の共謀がなければ、冷酷なボルシェビキ革命は起こらなかっただろうという結論を導き出した。

この説明は、必然的にタヴィストックとの関わりに限定せざるを得ないので、完全なものにはならないだろう。ミルナーの私文書によると、彼のアシスタントは、タヴィストックを通じて、同じ社会主義者のフリッツ・プラッテンに接触した（ミルナーは、シドニーとベアトリス・ウェッブを軽蔑していたが、フェビアン社会主義者の代表格であった）。この旅は、プラッテンが企画し、革命家がペトログラードに到着するまでの間、監督をした。

このことは、ギヨーム通りの公文書館で確認され、裏付けられました。この公文書館の大部分は、閲覧資格を持つ特定の人にのみ公開されているため、私たちは閲覧することができました。ブルース・ロックハートの私文書にある記述や、アルフレッド・ミルナー卿がロシアを裏切った悪巧みについて語ったことと、かなり一致している。ミルナーは、レーニンをはじめ、ボルシェビキの駐在員たちと多くの人脈を持っていたようだ。レーニンが革命のための資金を必要とした時に頼ったのが、ミルナー卿であった。プラッテンからの紹介状を手にしたレーニンは、ミルナー卿と会談し、ロマノフ王朝打倒とキリスト教国ロシアの構想をまとめた。

ミルナーは、MI6のブルース・ロックハートを派遣し、時事問題の監督とレーニンに関する報告をさせることを条件に、この条件をのんだ。

ロスチャイルド卿とロックフェラー家は、ロシアの天然資源と中央銀行が保有する金ルーブルをロンドンに移すのを監督するために、シドニー・ライリーをロシアに派遣することを許可するよう要求した。レーニンは、そして後にトロツキーも同意した。

取引成立のために、ミルナー卿はロスチャイルド家を代表してレーニンに6千万ポンドの金貨を渡し、ロックフェラー家は4千万ドルほどを拠出した。

リードワゴン」事件に加担したのは、イギリス、ドイツ、フィンランド、スイス、スウェーデンの5カ国である。アメリカは直接的には関与していないが、何が起こっているかは知っていたはずである。結局、ウィルソン大統領の命令で、トロツキー（本名レフ・ブロンシュタイン）が安心して旅行できるようにと、アメリカのパスポートが真新しく発行されたのだ。トロツキーはアメリカ国民ではなかったが。

レーニンとその同胞は、ドイツ政府の高官から提供された設備の整った専用車両を利用し、沿線の駅との協定で常に施錠されていた。プラッテンが責任者となり、旅のルールを決めたが、その一部はギヨーム通りのファイルに記録されている。

- ➢ 移動中、車はずっと閉じたままでなければならない。
- ➢ プラッテンの許可なくして、誰も車に乗ることはできないのだ。
- ➢ この列車には、さらに領土としての地位が与えられることになる。国境でパスポートを要求されることはない。
- ➢ チケットは通常価格での購入となります。
- ➢ 途中の国の軍隊や警察から「安全保障上の懸念」を指摘されることはない。

ギヨーム通りのファイルによると、この旅行はルーデンドルフ将軍とカイザー・ヴィルヘルムの認可を受けていたことがわかる。ルデンドルフは、もしスウェーデンがボルシェビキの通過を拒否するならば、ドイツ国内を通ってロシアに入ることを保証するとまで言い切った。スウェーデン政府も、フィンランド政府も反対しなかったことがわかった。

ドイツとスイスの国境に到着した列車に合流した著名な革命家の一人が、後に血みどろのボルシェビキ革命の主役となるラデックであった。また、明るい場面もありました。ギヨームストラッセファイル』には、フランクフルトで客車が機関車に乗り遅れ、約8時間かけて往復したことが記されている。

一行は快適な馬車からドイツのバルト海に面した町サスニッツに降り立ち、ドイツ政府から「ちゃんとした宿舎」を提供された。スウェーデン政府の好意により、マルメまでのフェリー輸送が提供され、そこからストックホルムまで航海し、フィンランド国境に向かう前に、ボルシェビキの一行を「素敵な」宿泊先が待っていた。

ここで、精鋭のプラッテンが意気揚々と一行を去り、最後のロシア旅行は列車でペトログラードへ向かった。こうして、スイスのチューリッヒから始まった壮大な旅は、ペトログラードで幕を閉じた。そこにレーニンがやってきて、ロシアは崩壊寸前だった。その間、バーネイズとリップマン、そしてウェリントン・ハウス（タヴィストック）の仲間たちは、着実に洗脳プロパガンダを続け、その結果、世界の多くの人々が騙されることになったと結論付けてもいいだろう。

第2章

ヨーロッパは崖っぷち

第一次世界大戦とボルシェビキ革命の終結を経て、ヨーロッパはタヴィストックの計画通りに変化することを余儀なくされた。イギリスが引き起こした第一次世界大戦のおかげで、ヨーロッパが世界の終わりに向かって崖っぷちから転落したとき、あるいは、過ぎ去った過去の最後の代表者が奈落の底の闇に消えるまで、ゾンビのように引きずられたと言ったほうが適切かもしれない、その強制的な変化が非常に明白になったのだ。

これは、第一次世界大戦に関する本ではありません。人類に降りかかった最大の悲劇の原因と影響については、これまで何十万もの分析が書かれてきたが、まだ十分には扱われていないし、おそらくこれからも扱われることはないだろう。私を含め、多くの作家が同意することが一つあります。

この戦争は、イギリスが、イギリスと競争して経済大国に急成長したドイツを憎んで始めたもので、エドワード・グレイ卿が戦争の中心人物であった。

不人気で、イギリス国民の大多数が承認していないことから、「特別措置」という、課題に対応するための新しい省が必要だったのだ。要するに、ウェリントン・ハウスはそのために作られたのです。

しかし、2005年にタヴィストック人間関係研究所という巨大な研究所になり、オカルト的な影響力を持つ世界最高峰の洗脳機関となった。米国が50州すべてで共和制が保証された立憲共和国として存続するためには、この問題に立ち向かい、打ち勝たなければならない。本書の作成にあたり相談を受けたが名前を伏せた米国上院の多くの議員の意見である。

第一次世界大戦の後、国際連盟の設立に失敗し、古い西洋文明と新しい文明との間のギャップは広がるばかりであった。戦後のドイツの経済的惨状は、まるで葬儀の煙のように西洋文化に垂れ込め、1920年代から始まった陰鬱で悲しく恐ろしい雰囲気に拍車をかけていた。

ロシアはボリシェヴィキによって破壊されただけで、多少は免れたが、ドイツとオーストリアは最も大きな打撃を受けた。1920年代のヨーロッパ（イギリスも含む）、そしてアメリカには、奇妙な種類の強制的な歓楽が降り注いだ。その原因は、「反抗的な若者」と「戦争や政治にうんざりしている人たち」であるとされた。実際、人々はタヴィストックのマスターたちの長期的な浸透と家庭内の条件付けに反応していた。

第一次世界大戦が終わってから1935年までの間、彼らは、銃弾と砲弾が飛び交う塹壕の地獄を生き抜いた兵士たちと同じようにショックを受けていた。

しかし、「治療」の結末は同じだった。人々は思慮深さを捨て、1918年に始まったモラルの腐敗は続き、大きくなっている。このような強制的な歓喜の中で、誰も世界経済の大暴落とそれに続く世界恐慌が来るとは思っていなかった。

これは人為的なもので、この時期の各派閥の熱狂的な宣伝活動にタヴィストックが一役買っていたと考えるのが、ほとんどの歴史家の見解である。暴落や恐慌は人為的な出来事であるという主張を裏付けるものである。イベントの付録をご覧ください。

シュペングラーは、これから起こることを予言していたが、その予言は驚くほど的中していたことがわかった。退廃的な社会」と「自由な女性たち」は、「おてんば娘」的な態度と影のある男性に特徴づけられ、女性の慎み深さの削減を要求し実現した結果、丈の長いヘムライン、ボブヘアや過剰な化粧、女性が公共の場で喫煙や飲酒をするようになったのである。お金が手に入りにくくなり、炊き出しや失業の列が長くなると、スカートは短くなり、シンクレア・ルイス、F・スコット・フィッツジェラルド、ジェイムズ・ジョイス、D・H・ローレンスの著作が驚きをもたらし、最新のブロードウェイショーやナイトクラブの出し物は、女性の隠れた魅力をかつてないほど明らかにして人目にさらしたのである。

1919年、ファッションデザイナーたちは『ニューヨーカー』誌に「今年の裾は地面から6インチも離れていて、とても大胆だ」と記した。

第3章

時代」はどう変わったか

しかし、それはほんの始まりに過ぎなかった。1935年、ヴェルサイユ宮殿でドイツに課せられた不可能な条件によってヒトラーが権力を握ると、ヘムラインも膝の高さまで目もくらむばかりに高くなった。

考えることをやめた人は、「時代が変わっていく」のが嫌だと言いますが、彼らが知らない、知ることができないのは、時代が入念に練られたタヴィストック式にしたがって変化するようにできているということなのです。ヨーロッパでもアメリカでも、いたるところで反乱が起こり、「解放」の熱気が広がっている。

アメリカでは、無声映画のアイドルたちが先導した。しかし、ヨーロッパでは、あらゆる「快楽」が謳歌されている。その中には、長い間、陰に隠れ、善良な社会では決して語られることのなかった同性愛も含まれているのである。

同性愛は、レズビアンとともに、嫌悪感を引き起こし、まだ古い秩序に執着している人々をわざと怒らせるために登場したと思われる。

この異常事態の研究は、同性愛やレズビアンが、内面的あるいは潜在的な欲望からではなく、古い体制とその厳格な道徳規範に「衝撃」を与えるために広まったことを示した。音楽もまた、ジャズなどの「退廃的」なものに変化していった。

タヴィストックは、女性性を歴史上類のない道徳的・行動的水準に引き下げるという彼の計画の展開において、今や最も重要な局面を迎えていた。1920年代と1930年代を日曜学校の教師の大会のようにした学習行動態度に、女性の慎ましさが全くないことが反映され、止められないと思われる急激な変化が押しつけられ、各国は無感覚の状態に陥り「ショックを受けた」のである。当時、世界を席巻した「性革命」と、それに伴う女性らしさの計画的な劣化は、誰にも止めることはできなかった。

G.K.チェスタートンやオズワルド・スペングラーなどの声も聞かれたが、「西洋文明に宣戦布告」したタヴィストック研究所の猛攻に対抗するには十分でなかった。長距離貫通と内部指向性調整」の効果が随所に見られる。今日、私たちが陥っている道徳的、精神的、人種的、経済的、文化的、知的な破綻は、社会現象でもなければ、単に「起こった」抽象的、社会学的な何かの結果でもないのだ。むしろ、慎重に計画されたタヴィストック・プログラムの結果なのです。

私たちが見ているものは、偶然でもなければ、歴史の異常でもないのです。むしろ、ミック・ジャガー、オプラ・ウィンフリー、ブリトニー・スピアーズ、「リアリティ」テレビ番組、あらゆる原始的本能の集合体のような「音楽」といった人物の至るところに現れている、意図的に引き起こされた社会的・道徳的危機の最終産物なのである。Fox News (Faux News)、主流映画館でのポルノに近い映画、謙虚さや良識が窓から投げ出された広告、公共の場所、特にアメリカのレストランでの大声と無礼な振る舞い。ケイティ・クリックをはじめ、社会的に著名な立場の人たちがたくさんいます。

これらの人々はみな、まるで顎を食いしばって話しているかのように、歯切れの悪い、単調な、耳障りな声で話すように訓練されていた。それまで、ニュースキャスターやプレゼンターは男性ばかりだったが、突然、10数人の男性しかいなくなったのだ。

それは、文化水準のますます低い映画を制作する映画業界の「スター」たちにも見られる。異人種間結婚の美化、離婚のオンデマンド化、中絶、あからさまな同性愛やレズビアンの行動、西洋文明の宗教的信念や家族生活の喪失などにも見られることです。Ellen DeGeneresのような才能も文化的価値もまったくない「スター」が、多感な若い女の子たちのお手本として持ち上げられ、自分の体の75%までをパレードすることが増えている。このことは、薬物中毒の激増や、カナダが「公民権」の名目でゲイとレズビアンの「結婚」を合法化する「法律」を可決したような、あらゆる社会悪に見られることです。

ルーズベルト以降のすべての大統領が、現職の大統領が持つべきでない権力を独り占めしているのだ。このことは、憲法で行政府に明確に否定されている戦争宣言を、大統領が不正に決定していることからもわかる。

このことは、憲法が認めていない「法律」の醜いリストに加わる、新しい次元の憲法不服従に見られる。最も新しく衝撃的だったのは、州の権利を破壊してジョージ・ブッシュ・ジュニアを大統領に選出した連邦最高裁のあからさまな権限越えの一例である。これは、この国の歴史上、最も野蛮な憲法への一撃であり、米国憲法修正10条（ ）に対する最もあからさまな違反である。しかし、アメリカ国民は唖然とし、ショックを受けているため、抗議の声も上がらず、大規模なデモも行われず、最高裁を屈服させるような声も上がらないのです。この一件で、タヴィストックの「長距離浸透と内的方向づけ」の力が大成功を収めたことが証明されたのである。

いや、2005年に我々が直面している共和国の崩壊状態は、進化の結果ではなく、むしろ慎重に計画された巨大な割合の社会工学的洗脳プロジェクトの最終産物なのである。かつて地球上で最も偉大な国であったこの国の死の淵に、真実が映し出されているのです。

タヴィストックの社会学者たちが書いた生理的条件付けに関する文献がよく効いています。あなたの反応はプログラムされています。最高の努力をしない限り、他の考え方はできないのです。

また、この状態から解放されるためには、まず敵と、特に米国とヨーロッパ、そして西洋世界全般の解体計画を特定することができなければ、手段を講じることはできません。この敵は「タヴィストック人間関係研究所」と呼ばれ、ウェリントン・ハウスで形と実体を見出し、サセックス大学やロンドンのタヴィストック・クリニックなど現在の施設に発展する以前の初期の段階から、西洋文明と戦争状態にあったのである。1969年に私がこの機関の正体を暴くまでは、アメリカでは無名だった。世界初の洗脳型社会工学機関であることは間違いない。

第一次世界大戦前のイギリスでの黎明期から、第二次世界大戦前後、そして現在に至るまで、どのような成果を上げてきたのかを見ていきます。第二次世界大戦中、タヴィストック研究所は英国陸軍の生理戦部門に所属していた。これまで、ウェリントン・ハウスで形成された時代の歴史を紹介したが、今回は第二次世界大戦前後の活動を紹介する。

第4章

社会工学と社会科学者

クルト・ルヴァン博士が主要な理論家であり、当時も今も最も進んだ行動修正法であるトポロジカル心理学の指導と応用を専門としていた。ルインは、ジョン・ローリングス・リース少将、エリック・トリスト、W・R・ビオン、H・V・ディックス、マーガレット・ミードとその夫グレゴリー・ベイトソンなど、洗脳や社会工学の「偉人」たちによって支援されました。バーネイズは、ジョージ・ブッシュが最高裁によってホワイトハウスに擁立されるまで、メインコンサルタントとして活躍していた。あまり専門的な話はしたくないので、彼らがどのように社会科学を応用したかの詳細は省きます。この「シンクタンクの母」の活動を包括的に説明する言葉として、ほとんどの人は「洗脳」という言葉を受け入れるだろう。

ルインたちがスタンフォード研究所、ウォートン・スクール・オブ・エコノミクス、MIT、国立精神衛生研究所など、一般に「アメリカ」と思われている多くの機関を設立したことを知れば、驚かないだろう。長年にわたり、連邦政府はタヴィストックとその広範なネットワークに何百万ドルもの資金を提供し、アメリカ企業やウォール街はその資金と同額を寄付してきたのである。

タヴィストック研究所が開発した集団洗脳技術の成長と驚異的な進歩がなければ、第二次世界大戦も、その後の戦争も、そして2005年11月現在も続いている二つの湾岸戦争もなかっただろうと、私たちはあえて言う。

2000年になると、アメリカではタヴィストックの影響が、地方から連邦までのあらゆるレベルの政府、産業、商業、教育、国の政治機関など、生活のあらゆる面に及んでいた。国民のあらゆる精神的、心理的側面が分析され、記録され、プロファイリングされ、コンピュータのデータバンクに保存されているのである。

タヴィストックが「3システム反応」と呼ぶもので、危機管理演習となる「作り出された状況」から生じるストレスに対して、集団がどのように反応するかというものである。アメリカやイギリスにあるのは、国民が危機と思うような状況を政府が作り出し、その「危機」を政府が管理することだ。

1941年12月の日本軍の真珠湾攻撃は、「人為的状況」の一例である。真珠湾攻撃は、先に説明したように、ロックフェラーの資金をスパイマスターであるリチャード・ゾルゲに、そして皇室の一員に送金し、日本に先制攻撃を仕掛け、ルーズベルト政権が米国を第二次世界大戦に巻き込む口実にするために「製造」されたものであった。

日本という島国工場に必要な原材料の流れを一方的に遮断する英米による日本の経済的締め付けは、もう終わりにしようという段階にまで来ていた。

タヴィストックは、アメリカが対日戦争を経てヨーロッパで戦争をすることになった反日プロパガンダの大波を形成する上で、大きな役割を果たした。

ルーズベルト政権は、日本に耐え難い経済的圧力をかけ、同時に、東京政府が真珠湾攻撃以外に道がないと考えるまで「交渉」を拒否した。ルーズベルトは、太平洋艦隊を意味も戦略もなくサンディエゴから真珠湾に移し、日本海軍の射程に直接入れることで、都合よく危険にさらしていたのだ。

湾岸戦争は、イラクが核兵器や化学兵器、いわゆる「大量破壊兵器」を隠し持っているのではないかという声が上がったことから始まりました。ブッシュ政権とブレア政権は、この問題が根拠もメリットもない「でっち上げの事態」であること、この兵器が存在しないことを知っていたのである。1991年の湾岸戦争の後、残忍な制裁措置の維持によって、フセインの兵器開発計画が中止されたことは紛れもない事実であった。

要するに、西側の二人の「リーダー」は嘘の網にかかったのだが、300人委員会の力とタヴィストックの洗脳力によって、少なくとも100万人のイラク人と2000人以上の米軍兵士が死に、2599人が負傷し（ロシア軍情報部の数字）、その53%が身体障害者となり、金額にして5500億ドルを超える（2005年10月の時点）ことが認められながらも彼らは政権を維持することができたのだ。

イラクの死者数は2度の湾岸戦争の合計である。その大半は、英米政府が国連に隠れて行った犯罪的制裁の結果、食料、清潔な水、医薬品が不足して死亡した民間人である。

イラクに制裁を加えることで、国連は自らの憲章に違反し、信頼性のない麻痺した機関となった。

最高権力者の男が嘘つきで詐欺師であることが証明されたにもかかわらず、何事もなかったかのように権力の座に留まることができたのは、歴史上他に例がない。この状態は、タヴィストック研究所がアメリカ国民に施した「長期浸透と条件付け」の力を示しており、彼らは決して怒りに任せて通りに出ることなく、このようにトロくて恐ろしい状態をおとなしく受け入れることになるのである。

ヘンリー・フォードは「人民は自分たちの持っている政

府にふさわしい」と言ったのではなかったか。もし国民が、合衆国憲法の下でのアメリカ国民の権利として、その政府を転覆させるために何もしないなら、彼らは嘘つきと詐欺師が彼らの国家と生活を動かしていることになるのである。

一方、かつてTavistockの主任精神科医であったFred Emery博士が「社会環境の乱れ」と表現したように、アメリカ人は3つのフェーズのうちの1つを経験しているのかもしれない。エメリー曰く

> "大きな集団は、激しい社会変化、ストレス、乱気流などの条件にさらされると、次のような症状を示し、それらは明確に分類することができる。表面的とは、脅かされた集団が表面的なスローガンを採用し、それを理想と見なそうとすることによって反応するときに生じる状態である".

エゴの投資」がほとんど行われないため、エメリー氏が述べたように「危機の原因が分離・特定されず」、危機と緊張が収まらず、コントローラーが望む限り続くため、第1段階は「不十分な対応」となってしまうのです。危機対応の第二段階は（危機が続くので）「断片化」であり、パニックが起こり、「社会のまとまり」が崩れ、その結果、非常に小さなグループが形成され、他の小さな断片化したグループの費用やコストを気にせずに危機から身を守ろうとする状態である。Emeryは、この段階を「受動的不適応」と呼び、危機の原因を特定できないままにしている。

第3段階は、被害者が危機とその結果生じる緊張の原因から目をそらすときである。彼らは「国内移動、内省、自己執着の空想の旅」に出るのです。これがタヴィストックの言う「解離と自己実現」である。エメリーはさらに、"受動的な不適応反応は、今や「能動的な不適応反応」と結合している "と説明しています。

エメリー氏によれば、過去50年の間に、応用社会心理学の実験とその結果としての「危機管理」がアメリカの生活のあらゆる側面を支配し、その結果はスタンフォード大学などの主要な「シンクタンク」のコンピュータに蓄積されているとのことである。シナリオは随時公開、使用、改訂され、タヴィストック社によれば、"シナリオは現在も運用されている"という。

つまり、タヴィストックはアメリカ人の大半をプロファイリングし、洗脳してしまったのです。もしアメリカ国民の一部が、過去70年間にこの国を巻き込んだ危機の原因を突き止めることができたなら、タヴィストックが築いた社会工学的構造は崩壊することだろう。しかし、まだそうなっていない。タヴィストックは、アメリカ国民をその創り出された世論の海に溺れさせ続けている。

タヴィストックの社会科学者が開発した社会工学は、今世紀の両世界大戦、特に第一次世界大戦で兵器として使われた。これを開発した世論調査員は極めて率直に、敵国の国民に対して使われ実験されたのと同じ装置と方法をアメリカの国民に使っていると言っている。このシステムを開発した世論調査会社は、敵国の国民に対して使われ、テストされたのと同じ装置と方法をアメリカの国民に使っていると、極めて率直に語っている。

今日、世論調査による世論操作は、タヴィストックや米英に多数ある「シンクタンク」で働く社会工学者や社会科学統制者の手になる中心的な技術となっている。

第5章

H・G・ウェルズの言う「見えない政府」があるのだろうか？

これまで述べてきたように、高度な世論操作技術による世論形成の近代科学は、西欧で最も進んだプロパガンダ工場の一つである英国のウェリントン・ハウスで始まった。第一次世界大戦勃発時の社会工学と世論形成を目的としたこの施設は、ロスミア卿とノースクリフ卿、そして後に王立国際問題研究所（RIIA）の研究部長となるアーノルド・トインビーが庇護する形で設立された。ウェリントン・ハウスには、ウォルター・リップマンやエドワード・バーネイズなどを中心としたアメリカ人部会があった。後に分かったことだが、バーネイズはフロイトの甥であり、この事実は慎重に隠されていた。

彼らは共に、ドイツとの戦争に反対する大勢の人々の間で、第一次世界大戦への支持を「動員」するための技術に焦点を当てた。ドイツは敵ではなく、イギリス国民の友であるというのが世間の認識であり、イギリス国民はドイツと戦う必要はないと考えていたのである。なにしろ、ヴィクトリア女王はカイザー・ウィルヘルム2世のいとこだったというのだから。トインビー、リップマン、バーネイズは、英独戦争（1899-1902）でかなりの経験を積んだばかりの嘘に対する意欲に彩られたプロパガンダ目的のために、通信メディアによる大衆操作という新しい科学の技術を駆使して、戦争の必要性を説得しようとしたのである。

出来事に対する認識を改める必要があるのは、イギリス国民だけでなく、消極的なアメリカ国民も同じである。

この目的のために、バーネイズとリップマンはウッドロウ・ウィルソンのクリール委員会の設立に貢献し、成功するプロパガンダの普及と「正しい」意見を得るための世論調査の科学のための最初の一連の方法論技術を作り上げたのである。

当初から世論調査（世論形成）は、科学や政治のプロセスに対する理解ではなく、人々の意見に関わるという、当たり前だが際立った特徴に基づくように、その手法が設計されていたのだ。このように、世論調査会社は意図的に、国民の注目する第一レベルの本質的に非合理な考え方を偽造したのである。これは、複雑化する産業社会の中で、大衆の現実に対する理解を弱めるための意識的な決断であった。

もし、あなたが「Fox News」を見ていて、視聴者に「アメリカ人は何を考えているか」という世論調査の結果が伝えられ、その後1時間、頭を振りながら「この世論調査の結果は自分の思考回路について何を反映しているのか」と考えたことがあるなら、これまで以上に戸惑いを感じずにはいられないはずです。

Fox Newsと世論調査を理解する鍵は、これらの問題に対するリップマンの発言にあるのかもしれない。リップマンは1922年の著書*『世論』の中*で、タヴィストックの心理戦の方法論について述べている。

3

[3]外の世界と、頭の中のイメージ。Ndt.

リップマンは、「外の世界と頭の中の絵」と題した序章で、次のように指摘している。

> 世論の社会的分析者の研究対象は、現実に対する内的な認識やイメージによって定義される現実である」。世論は、間接的で、目に見えない、混乱した事実を扱い、それについて明白なものは何もない。世論が言及する状況は、意見としてのみ知られている。
>
> "人間
> "の頭の中にあるイメージ、自分自身のイメージ、他人のイメージ、ニーズ、目標、人間関係のイメージが、彼らのパブリック・オピニオンなのです。これらのイメージは、人々のグループによって、あるいはグループを代表して行動する個人によって行動され、大文字で書かれた世論となる。内なるイメージは、外界との関係において、しばしば人を惑わせる。

この評価から、バーネイズが行った次の決定的なステップ、すなわち、社会を動かすエリートはマス・コミュニケーションの資源を動員して「群衆」の心を動かすことができるということを容易に理解することができるのである。

リップマンの本の翌年には、バーネイズが『*世論の結晶*』を書いている。その後、1928年に『シンプル』という本が出版された。*プロパガンダ*

第1章「カオスの組織化」で、バーネイズはこう書いている。

> 大衆の組織、習慣、意見を意識的、知的に操作することは、民主主義社会の重要な要素である。この目に見えない社会の仕組みを操る者が、目に見えない政府を構成し、それが我が国の真の支配力となっているのである。

私たちは、私たちが聞いたこともないような人たちによって支配され、心が形成され、好みが形成され、アイデアが提案されている...私たちの見えない支配者は、多くの場合、内閣の中の同僚が誰であるかを知らない。

このような状況に対してどのような態度をとるにせよ、政治やビジネス、社会的行動や倫理的思考など、日常生活のほとんどすべての行為において、大衆の精神過程や社会的パターンを理解する比較的少数の人々-
数百万人のうちのごく一部-
に支配されているという事実は変わりないのです。彼らは、糸を引き、大衆の心を操り、古い社会的な力を利用し、世界を縛り導く新しい方法を発明する人たちである
。

バーネイズは『*プロパガンダ*』の中で、「見えない政府
」に対する賞賛に続いて、プロパガンダ技術の次の段階について概説している。

> 文明が複雑になり、目に見えない政府の必要性がますます示されるようになると、意見を統制するための技術的手段が発明され、開発されるようになったのです。印刷機や新聞、電話、電信、ラジオ、飛行機があれば、アイデアは急速に、しかも瞬時にアメリカ全土に広がることができる。

バーネイズは、「世論操作」の師匠であるH・G・ウェルズを引き合いに出して、その主張を支持する。彼は、1928年の*ニューヨークタイムズ*の記事を引用し、ウェルズが「現代のコミュニケーション手段」が「政治プロセスの新世界を開き」、倒錯と裏切りに対して「共通の目的を記録し維持する」ことを可能にしたと賞賛している。ウェルズにとって、テレビを含む「マス・コミュニケーション」の出現は、英国フェビアン協会の初期の大衆操作の狂信者たちの想像を超えた、社会支配のための素晴らしい新道が開かれたことを意味した。この極めて重要なテーマについては、後ほど改めてご紹介します。

第6章

マスコミュニケーションによるアンケート調査の開始

バーネイズにとっては、ウェルズのアイデアが認められたことで、アメリカの世論統制のヒエラルキーにおいて重要な地位を得ることができた。1929年、彼は、ウィリアム・ペイリーが買収したばかりのCBSで職を得ている。

同様に、マス・コミュニケーションの出現は、メディア・マフィア（舞台裏からショーを運営する「見えない政府」の一部）のために大衆の認識を組織化するために、世論調査やサンプリング産業を生み出しました。

1935年から36年にかけて、世論調査が本格化した。同年、エルモ・ローパーは『*フォーチュン*』誌のFOR世論調査を開始し、これが*ニューヨーク・ヘラルド・トリビューン紙*の「人々が考えていること」コラム[4]
へと発展していった。

ジョージ・ギャラップは、アメリカ世論研究所を設立し、-
1936年にはイギリス世論研究所を開設した。ギャラップはプリンストン大学を中心に活動し、ハドレー・カントリルが率いる世論調査室／国際社会調査研究所／心理学

[4] "人が思うこと"、Ndt.

部の複合体と交流した。この複合体は、後に「アクエリアン陰謀論」の捏造に使われた心理プロファイリング手法の開発でますます大きな役割を果たす運命にあった。

同じ時期、1935年から36年にかけて、*ミネアポリス・スター・トリビューン紙*と*デモイン・レジスター紙*の2つのカウレス紙によって、大統領選挙に初めて世論調査が使われるようになった。カウレス家は、今でも新聞社に勤めている。

ワシントン州スポケーンを拠点とする彼らは、積極的にオピニオンメーカーとしての役割を担っており、ブッシュのイラク戦争への支持は決定的なものだった。

大統領顧問」という、市民から選ばれたわけでもなく、市民がコントロールできない人たちが、国の内外の外交政策を決めるという慣習を誰が導入したかは定かではない。アメリカの大統領では、ウッドロウ・ウィルソンが初めてこの方式を採用した。

世論調査と第二次世界大戦

これは、次の段階への小さな準備であった。アイオワに移住した心理戦の専門家クルト・ルウィンの到着と、アメリカの第二次世界大戦への参戦という2つの重要な出来事が交錯したことがきっかけとなったのだ。

第二次世界大戦は、タヴィストックの新興社会科学者に巨大な実験場を提供した。ルウィンの指導の下、第二次世界大戦後に展開される重要な軍隊は、アメリカ国民との戦争のために開発された技術を使用することになるのだ。実際、1946年にタビストックはアメリカの一般市民に対して宣戦布告し、それ以来、戦争状態が続いている

。

ルイン、ウェルズ、バーネイズ、リップマンらが説いた

基本概念は、世論操作の指針としてそのまま残った。戦争は、社会科学者に、それらを高度に凝縮した形で適用し、実験の目的を達成するために多くの機関を彼らの指導下に集める機会を与えた。

世論」を形成する手段である中央機関が、国民道徳委員会であった。表向きは、ウィルソン大統領が第一次世界大戦を「管理」するために設置した管理委員会のように、戦争への支持を集めるために設立されたが、本当の目的は、社会統制の手段を作り、維持するために「枢軸」とアメリカの人々を集中的にプロファイリングすることであった。

この委員会には、ロバート・P・バス、ハーバート・ベイヤーズ・スウォープなど、アメリカ社会のリーダー的人物が名を連ねていた。その秘書がマーガレット・ミードの夫、グレゴリー・ベイトソンで、CIAの有名な「MK-Ultra」LSD実験の主唱者の一人であり、一部の専門家はアメリカのドラッグ、ロック、セックスのカウンターカルチャーの発端となったとみなしている。

委員会の役員には、世論調査員のジョージ・ギャラップ、諜報員のラディスラス・ファラゴ、タヴィストックの心理学者ガードナー・マーフィらがいた。

この委員会では、さまざまな特別プロジェクトが行われたが、中でも重要だったのは、ドイツに対する心理戦の最善の方法に関する大規模な研究であった。世論調査プロジェクトの展開に重要な役割を果たしたキーパーソンは次の通りです。

* カート・K・ルーイン、教育・歴史、心理学、社会科学

* ゴードン・W.教授オールポート、心理学

* エドウィン・G・ボーリン教授（心理学

*　ハドレー・カントリル教授（心理学

*　ロナルド・リピット（社会科学

*　マーガレット・ミード
人類学、社会科学、青少年と子どもの発達

スタッフには100人以上の研究者と、プロジェクトに不可欠な複数のオピニオン・プロファイリング機関が含まれていました。

そのような特別プロジェクトチームの一つが、CIAの前身である戦略サービス局（OSS）にあり、マーガレット・ミード、カート・ルイン、ロナルド・リピット、ドーウィン・カートライト、ジョン・K.フランスや世論の専門家であるサミュエル・ストウファー（後にハーバード大学研究所の社会関係グループの会長）、プロファイラーであるハロルド・ラスウェルとともに敵国の現地紙の詳細な「内容分析」に基づいてOSSのための「世論調査」方法を開発したコロンビア大学社会学部のポール・ラザースフェルド、レンシス・ラカートなどである。

戦前、プルデンシャル社の幹部だったリカート氏は、生命保険代理店経営者協会の研究部長としてプロファイリングの技術を完成させた。そのため、プルデンシャル生命保険会社の元社長であるアメリカ戦略爆撃調査団長と好意的な交流を持つことができた。リカートは、1945年から1946年まで戦略爆撃調査団のモラル部門長を務め、世論のプロファイリングと操作にかなりの余裕を持たせていた。

第7章

世論形成

タヴィストック研究所のアーカイブによると、戦略爆撃調査団は、ドイツ人労働者の住宅を組織的に爆撃するという非常に統制のとれたプログラムを通じて、ドイツを屈服させる重要な役割を果たし、英国空軍のアーサー・ハリス卿はそれを喜んで実行した。

また、1939年から1945年まで、リカートは農務省のプログラム調査部門の責任者を務め、そこから「大衆説得」の技術に関する重要な研究が生み出された。別の言い方をすれば、「世論を望ましい目標に一致させること」です。どれだけの国民が「連合国」の戦争を支持していると信じていたかは、推して知るべしである。

この部門におけるリカートの主な協力者の一人が、ルウィンの弟子で後にタヴィストックのエージェントとなるドルウィン・カートライトで、現在も使われているマニュアル「Some Principles of Mass Persuasion」を執筆している。

戦時中、ガードナー・カウルズが率いた戦争情報局（OWI）も、世論形成のための重要な機関であった。バーネイズは、OWIにアドバイザーとして迎えられた。第二次世界大戦後、主要な「世論調査機関」のネットワークが出現したのは、ここで述べたようなつながりからであった。それ以来、彼らはアメリカ人の生活の中で強力かつ決定的な役割を担ってきた。国民道徳委員会の理事会から生まれたギャラップ社は、その活動を活発化させ、世論調査機関の重要な司令塔となって、300人委員会の新政策を打ち出し、それを "世論調査の結果"として流布していったのである。

バーネイズは戦後、いくつかの重要な役割を果たした。1953年には、国務省に「国家心理戦事務局」の設置を勧告する論文を書いた。1954年には、戦略爆撃調査団の人たちから最も影響を受けた軍隊であるアメリカ空軍のコンサルタントとなった。

1950年代初頭、バーネイズは、当時アメリカの政治を支配していた国家安全保障・通信機構（アイゼンハワーの「軍産複合体」）の主要企業の一つであるユナイテッドフルーツ（ユナイテッドブランド）社の広報アドバイザーを務めていた。

バーネイズは、グアテマラが「共産主義支配」に陥っているとするプロパガンダ・キャンペーンを主導し、その結果、同国でアメリカが組織したクーデターを引き起こした。1955年、バーネイズは自らの体験を『*同意の工学*』と題する本にまとめた。[5]

この本は、ワン・ワールド・ガバメントの社会主義独裁政権にとって受け入れがたい政策をとる国を転覆させるために、アメリカ政府が従う事実上のタヴィストック・プランとなっているのだ。

戦後を通じて、バーネイズは、マーガレット・ミードがアメリカで設立した社会統制機関の一つである応用人類学協会や、タヴィストックの創設者ジョン・ローリング・リースが設立した「社会問題心理学研究会」のメンバーとして、アメリカ人の間で「精神的ショック部隊」を実施するために活動していた。

[5] *同意の製造*、Ndt.

その最初の行動のひとつが、フロリダ州における同性愛の撲滅であった。これは、自分が直面していることを理解していなかったアニタ・ブライアントが激しく反対した行動である。

彼の行動の2つ目は、後述する「非白人は白人より知的である」というテーマを導入することであった。

リカートはミシガン大学に移り、社会研究所（ISR）を設立した。ISRは、戦後間もない時期にタヴィストックの米国での主要な関連団体であったマサチューセッツ集団力学研究センターを吸収したものである。

タヴィストックISRは、OSSでのリカートの協力者でありルインの弟子であるロナルド・リピットが設立した科学知識の活用研究センターなど、多くの批判的プロファイリングや「オピニオンリサーチ」の下部組織の中心であった。

このプロジェクトのディレクターであるドナルド・マイケルはローマクラブの中心人物であり、第二のサブグループであるサーベイ・リサーチ・センターはリカートの個人的な創作によるもので、ルインの入念に作られたシナリオに従って、女性らしさの堕落と劣化、非白人の優れた知的能力の強調を筆頭に、人々の態度や傾向を「調査」（創造）するアメリカで最も凝った機関に成長することになったのです。

この頃、ロバート・ハッチンスは有名になったが、その初期の頃の最も親しい同僚が、1929年にチェスター・ボウルズとともに有名な広告会社ベントン&ボウルズを設立したウィリアム・ベントンであった。ベントンは、ベントンとボウズを手段として、広告によるマス・コントロールの科学を発展させた。

ダグラス・ケーターの支援を受けたベントンの先駆的な研究が、「一つの世界社会主義政府」の300人委員会の米国本部であるコロラド州のアスペン研究所を通じて、タヴィストックが米国のメディア政策を支配する契機となったのである。

広告によるマスメディアコントロールの科学は、今やすっかり定着し、意見形成の重要な要素となっていることを、一応述べておく。戦後間もない頃、ハリウッドではほとんどすべての映画に取り入れられた。

広告（洗脳）は、主人公が運転する車の種類やメーカー、気品あるローレンス・ハーヴェイが吸うタバコの銘柄、スターが身につける服やメイクアップ、年々大胆になっていく服などを通して行われた。2005年の今日まで、ブリトニー・スピアーのほとんど裸の胸と、彼女がよく履くスキニージーンズによって露出した腹、そしてハリウッドが大好きなモラルによって、女性らしさが損なわれてきたのです。

第8章

女性の劣化 とモラルの低下

スカートが膝に届くようになってから、女性らしさの劣化のスピードは目覚ましく加速した。これは、主流の映画やソープオペラにおけるポルノに近いシーンなどに現れており、そうしたシーンが「完全かつ強制的」になる日もそう遠くはないだろうと、私たちはあえて言いたい。

このような魅力的な女性の言説の衰退は、タヴィストック法学とその実践者であるカントリル、リカート、ルインに起因していると考えられる。もう一つの顕著な変化は、異人種間の出会いやセックスを題材にした映画が増えたことと、最もオープンな形でレズビアンの「人権」を主張するようになったことである。

この任務のために特別な人々が選ばれ訓練されてきた。おそらく最もよく知られているのはエレン・デジェネレスで、トークショーや「討論」グループで「同性愛」、つまり何らかの性的行為を伴う女性同士の出会いについてインタビューを受けるという名目で、数十万ドルの無料宣伝を受け取ってきた。

女性蔑視の先駆者であるベントンは、タヴィストックのプロファイリング理論を代表する社会科学者ハロルド・ラスウェルの指導を受け、ベントンと共に1940年にアメリカ政策委員会を設立した。ラスウェルとベントンの共同事業は、アスペンのアメリカにおける世界社会主義政府の秘密工作とタヴィストック研究所との明確なつながりを示すものであった。アスペンは、全米に300の支部を持つ委員会の本部となった。

ヘドレー・カントリル、リカート、ルインは、その方法論を人間性心理学や洗脳に応用し、「意見調査」を用いて、今述べたような社会のパラダイムシフトや価値観の転換をもたらす上で、ますます重要な役割を担っているが、それは、数世紀にわたって知られてきた西洋文明を構成する社会のあらゆるレベルで、より広範囲に及んでいる。

カントリルの本拠地は、プリンストン大学の世論調査室である。カントリルは、1938年にオーソン・ウェルズの『宇宙戦争』が放映された時、ニューヨーク、ニュージャージー地域の人々がどのように恐怖とパニックに反応したかを詳細に分析した*『火星からの侵略』*を書いたのと同じ年、1940年に設立した。

1938年当時、ハドレー・カントリルやタヴィストック研究所という名前を聞いたことがあるアメリカ人はほとんどいなかったと結論づけるのが妥当なのに、どうして自分たちがプロファイリング事業の一員であることを知ることができたのでしょうか。2005年当時、どれだけのアメリカ人がタヴィストックを知っていたのか、興味深いところです。

多くの人はオーソン・ウェルズを覚えているが、おそらく国民の99%はカントリルの名前を重要視していないし、タヴィストック研究所も知らないだろう。

1938年10月30日の夜の話をしよう。同じ手法が、ブッシュ政権、国防総省、CIAによって、2003年のイラク侵攻につながった出来事について国民の認識を形成するために使われ、2005年の今もなお関連しているからである。

1938年、オーソン・ウェルズは、元MI6のエージェントであったイギリスの作家H・G・ウェルズとその著書『*宇宙戦争*』を利用し、フェイクニュースの名手としての評判を高めていた。

ウェルズの作品のラジオ版では、もう一人のウェルズがニュージャージー州のラジオ番組に割り込んで、火星人が上陸したことを告げる。「火星人の侵略が始まった」とオーソン・ウェルズは宣言した。

4時間の上演中、観客が聴いているのは、H.G.ウェルズの物語が現実になった場合のフィクションの再現であることが4回以上告げられたのだ。しかし、それは無駄だった。何百万人もの人々がパニックに陥り、恐怖のあまり家から逃げ出し、道路や通信網を封鎖してしまったのです。

デマ」の目的は何だったのでしょうか？そもそも、カントリールやタヴィストックの方法が実際に有効かどうかを検証するためであり、さらに重要なことは、来るべきヨーロッパ戦争において、「ニュース放送」が信頼できる情報源として、情報の収集と発信に重要な役割を果たすとともに、世論形成の場となるための舞台装置であったことであろう。

火星人襲来」のニュース速報が流れた2日後、『*ニューヨーク・タイムズ*』*紙の*「ラジオによる恐怖」と題する社説は、「娯楽として始まったことは、簡単に大惨事に終わっただろう」と、タビストックが戦争が近づいたアメリカ国民に何を考えていたかを知らず知らずのうちに浮き彫りにした。ラジオ局の幹部は、「ニュースの手法とこのような恐ろしいフィクションを混ぜるのはよく考えるべきだ」と責任を感じていた。

タイムズ紙は、タヴィストック理論家の目から見た未来の波を、うっかり見つけてしまったのである。今後、タ

ヴィストックの卒業生たちは、「ニュースの手法に、事実と受け取られるような恐ろしいフィクションを混ぜる」ことが標準的なやり方になっていくだろう。すべてのニュース番組は、「ニュースとフィクション」を巧みに組み合わせて、一方が他方を認識できないように脚色されたものでなければならなかった。

実際、タヴィストックは新たに検証した理論を1年後に実践した。ロンドン、ミュンヘン、パリ、アムステルダムといったヨーロッパの都市の住民は戦争の恐怖に襲われたが、ネヴィル・チェンバレンが1938年10月の「世界大戦」のラジオ放送と同じ手法で戦争を回避することに成功したのだ。

第9章

現実と虚構が混在する中で、個人や集団はどのような反応を示すのか。

カントリルの結論は、プロファイリングに関する彼の研究実験が導いたとおりの反応を一般市民がしたということだ。1938年10月30日の日曜日の夜は、彼の記録にとって画期的な日となり、今後「ニュース」の発表の仕方に大きなパラダイムシフトをもたらすことを意味する日となった。70年以上たった今でも、世界はフィクションを織り交ぜたニュースを送り続けている。フィクションは多くの場合、恐ろしい。西洋の世界は、1938年の10月の夜とはあまりにも違う、「別の惑星」になるほど、不本意ながら押し付けられた急激な変化を遂げてしまったのだ。この本質的なテーマについては、本書の後半で再び取り上げます。

第二次世界大戦後、カントリルは、タヴィストックの最高指導者である創設者のジョン・ローリング・リースと、国連ユネスコにおける世界の緊張に関するプロジェクトに全面的に関わるようになる。

国境を弱めるために利用され始めた「世界市民」（社会主義・共産主義の一世界政府独裁の）を立ち上げるキャンペーンのために、個人やグループが国際的緊張にどう対応したかのプロフィールが、事実と恐ろしいフィクションを巧みに混ぜ合わせて作られたのである。これは、ウッドロウ・ウィルソン大統領が、アメリカは「民主主義」のために安全な世界を作ると言った、新しい社会主義の世界秩序、すなわち単一世界の政府を準備するためのものである。

アーカンソーやノースカロライナから来たこの爽やかな顔のアメリカ人少年たちは、「国のために戦う」と信じてヨーロッパに送られた。ウィルソンが「世界のために確保する」ために送った「民主主義」が、一元的な社会主義・共産主義の独裁国家であることを知る由もなかったのだ。

ジョン・ローリングス・リースは、タヴィストックの雑誌『*人間性心理学雑誌』の*編集者であった。彼らの共通の考え方は、1955年の単行本『人間性心理学に向けて』に反映されており、カントリルがゴードン・エアポートのタヴィストックに学んだ「人格」の認識を支持したことから発展したものである。1947年の著書『*人間の社会的行動を理解する』の*「因果関係」の章で表現した通りだ。カントリルの方法論は、"成長が起こる特定の環境は、特定の個人にその成長のための特定の方向性を与える"という見解に基づいていた。

カントリルの取り組みは、私たちが求めてきたような、対象となる人口集団のあらゆる部門において、人格と行動の大きな変化を強いるというタヴィストックの取り組みを通じて、本来中立であるべき意見形成と社会的に操作された意見形成との間の境界を取り払った好例といえるでしょう。

Cantrilは、その活動を支援するために、.NETを含む取締役を任命しています。

- タヴィストック社の経営者エリック・トリストの信奉者であるウォーレン・ベニス。
- *The Aquarian Conspiracy』の*著者となるMarilyn Ferguson。
- ジーン・ヒューストン（脳研究所所長、ローマクラブ会員、『マインド・ゲーム』の著者）。

- 20年間続いたMK-Ultra LSDプログラムを監督したAldous Huxley。
- スタンフォード大学のウィリス・ハーマン所長で、後に『アクエリアンの陰謀』と偽装され、マリリン・ファーガソンの著作として発表された『変わりゆく人間像』の師匠。
- ハクスリーらが「感性トレーニング」と「薬物実験」のセンターとして設立したエサレン研究所の所長、マイケル・マーフィー氏。
- エサレンの礼拝創造プロジェクトの発起人であるジェームズ・F・T・ブゲンタール。
- 非合理主義的な「思考の力」の代表格であり、1957年にAHPを創設したアブラハム・マズロー。
- 1957年、AHPでマズローの同僚だったカール・ロジャース。

AHPのイデオロギーは、その機関誌『*The Journal of Humanistic Psychology*』（1966年発行）の書評に示されている。

マズローの著書『*科学の心理学*』*を読んだ*ウィリス・ハーマンは、1967年から69年にかけてスタンフォード大学に留学する前年、「超能力、念力、神秘主義、意識を拡張する薬物」（特にLSDとメスカリン）による「科学に対する挑戦」を歓迎している。マズローの「新しい科学」は、「催眠、創造性、超心理学、サイケデリックな体験」を前面に押し出し、科学の関心を「外」の世界から「内なる空間」の研究へと移行させたと賞賛している。

カントリルの「特別な個性」についての独自の考えを、論理的な結論に導いたのである。カントリールは、欧米諸国の考え方や行動に大きなパラダイムシフトをもたらすという「栄光と名誉」を手に入れたのだ。

オズワルド・スペングラーが1936年に予言した西洋の没落の原因の1つであることは間違いないだろう。

認知・行動構造」に変化を与えること。

第二次世界大戦後、調査研究者につきまとったイデオロギーがどのようなものであったにせよ、「サンプリング法」と「オピニオン・リサーチ」による社会工学という不変の概念は、カートライトが農務省プログラム調査部のために作成した論文*Some Principles of Mass Persuasion に見いだすことができる。*[6]

この論文には、「米国戦時国債の販売に関する調査の結果抜粋」[7]
という副題がついているが、カートライトが明らかにしているように、この調査の戦争という側面は、支配者が考える目的に合わせて認識をいかに変えられるかという原理の分析を行うための口実に過ぎなかったのである。

戦時国債の販売と農業に何の関係があるのかと思われるかもしれないが、それもカートライトの方法論の一つであった。バーネイズ・リップマン・カントリル・カートライトの仮説を第二次世界大戦の文脈で統合し、濃縮したものである。タビストック新聞に掲載された記事ですから、すぐに読者の関心を引くことができるはずです。

> カートライトは、「社会組織に変化をもたらした前世紀の多くの技術的進歩の中で、マスメディアの発達が最も大きな影響を与えることが予想される」と話し始めた。このように人々の相互依存性が高まったことは、大規模な社会的行動を動員する可能性が大きく高まったことを意味する。たった一人の説得力のある人間が、マスメディアを使って、世界の人々を自分の意のままに操ること

[6] *大衆説得の原理*、Ndt.

[7] 「米国戦時国債の販売に関する調査結果（抜粋）」、Ndt.

> も考えられるのです。"

私たちは、カートライトがこの発言をしたとき、イエス・キリストを念頭に置いていたとは思っていない。

特定の認知構造を作る」という小見出しのもと、カートライトはこう続ける。

> 第一原理：「ほとんどすべての心理学者は、人の行動は、その人が生きている世界の認識によって導かれるということを真理としている...この定式化から、人の行動を変える一つの方法は、その人の認識構造を変えることであることがわかる。マスメディアによって個人の認知構造を変えるには、いくつかの前提条件がある。これらは原理として述べることができる。"

カートライトは、第二次世界大戦の戦時国債販売キャンペーンに適用した事例を交えながら、その原理を説いていった。"メッセージ"（すなわち情報、事実など）は、影響を受ける人々の感覚器官に到達しなければならない...総ての刺激状況は、その一般的特徴の印象に基づいて選択または拒否される
"などである。第二の原則は、「認知構造」を修正する方法をさらに発展させたものである。

> 第二の原則："感覚器官に到達した「メッセージ」は、その人の認知構造の一部として受け入れられなければならない"

カートライトはこの項で次のように指摘している。

> 「この認知構造を修正することによって行動を変えようとする努力は、現在の構造を維持しようとする力に打ち勝たなければならない」。

ある認知構造が、その人の適応にとって満足のいくものではないと思われる場合にのみ、その構造を修正するようにデザインされた影響を容易に受ける可能性がある".

カートライトは、「特定の動機づけの構造を作る」とい

う見出しで、さらに次のような分析をしています。

"ワシントンの米連邦準備制度理事会の総裁たちを長期にわたって混乱に陥れた社会的誘導" を。

第10章

アンケートの時代へ

ロンドンのタヴィストック・クリニックは、ジークムント・フロイトがドイツから来日して定住した場所であり、彼の甥であるエドワード・バーネイズが後に崇拝者の集団を維持するようになった場所でもある。

こうして、イギリスは大衆洗脳の世界の中心地となり、戦後はアメリカ全土のクリニックで社会工学的な実験が行われるようになった。

第二次世界大戦中、タヴィストックは英国陸軍の心理戦事務局の本部となり、英国特殊作戦局（SOE）（後のMI6）の手配で、米軍に心理戦に関する方針を指示していた。

戦争末期には、タヴィストックのスタッフが世界精神衛生連盟と欧州連合遠征軍最高司令部（SHAEF）の心理戦部門を引き継ぎました。

タヴィストックの代表的な理論家であるカート・ルイン博士は渡米し、ハーバード心理クリニック、MIT集団力学研究センター、ミシガン大学社会研究所を組織し、同僚のカートライトとキャンティルは、戦略事業局（OSS）、海軍研究局（ONI）、米国戦略爆撃調査局、国民道徳委員会の心理部門で政治的に重要な役割を果たすために彼に参加しました。

また、政治的な最高レベルの影響力を持つ多くの人々が、ルイン博士のトポロジカル心理学の理論を学び、現在に至るまで世界で最も進んだ行動修正と洗脳の方法を身につけています。タヴィストックにおけるクルト・ルーインの重要な同僚、エリック・トリスト、ジョン・ローリングス・リース、H・V・ディックス、W・R・ビオン、リチャード・クロスマン、また戦略爆撃調査、国家モラル委員会、国防資源評議会の選ばれたメンバーが、ランド社、スタンフォード研究所、ウォートン・スクール、国立訓練研究所、国立精神衛生研究所でルーインと合流したのです。

アメリカ政府は、これらすべての機関と数百万ドル規模の契約を結ぶようになった。40年間で、連邦政府から数百億ドル、民間財団から数百億ドルが、これらの団体の活動資金として提供されたのである。

年月を経て、これらの機関は成長し、契約しているプロジェクトの範囲もそれに合わせて大きくなっています。アメリカ人の精神的、心理的な生活のあらゆる側面がプロファイリングされ、記録され、コンピュータのデータバンクに保存されているのだ。

機関、スタッフ、ネットワークは拡大を続け、連邦政府、州政府、地方政府の隅々まで深く浸透しています。社内の専門家や卒業生は、福祉施設、労働調停委員会、労働組合、空軍、海軍、陸軍、全米教育協会、精神科クリニック、さらにはホワイトハウス、国防総省、国務省などから政策策定の依頼を受けています。また、これらの組織は、米中央情報局（CIA）と数多くの契約を結んでおり、その恩恵を受けている。

これらのシンクタンクと米国の大手世論調査会社やメディア企業との間には、密接な協力関係が築かれていた。ギャラップ世論調査、ヤンケロビッチ・CBS・ニューヨークタイムズ世論調査、国立世論調査センターなどは、常に一般人の心理プロファイルを行い、その結果をユビキタス社会心理学者と共有して評価・加工していたのである。

世論調査として新聞に掲載されるのは、世論調査会社が目指している仕事のほんの一部でしかない。タヴィストックが欧米の日常業務の重要な部分を支配している鍵の1つは、他にコミュニケーション手段がないことだ。

米国は現在、事実上の自国のテレビ局であるFox Newsを持っており、リチャード・マードックに買収されて以来、事実上、政府のためのプロパガンダマシンとして隙のない存在となっている。

この社会心理学者、調査員、メディア操作員で構成される緊密なグループの上に、強力な後援者のエリート「オリンポスの神々」（300人委員会）がいる。
このグループが、ロシアと最近では中国を除いて、世界のすべてをコントロールしていることは、情報筋の間では知られていることである。

長期的な戦略を総合的かつ規律正しく、統一された方法で計画し、実行します。フォーチュン500社のうち400社以上を傘下に置き、政府、商業、銀行、外交、情報機関、軍事のあらゆる面に連動したコネクションを持っています。

このエリートは、ロスチャイルド、モルガン、ロックフェラー、パーキンス、キャボット、ロッジといった東海岸の自由主義者たち、数十億ドル規模の東インドのアヘン商人たちなど、アメリカ史上のあらゆる「権力者たち」を吸収していった。

その階層には、アヘン貿易で巨万の富を得たイギリス東インド会社の末裔の旧家が、ヨーロッパの王族などを含めて上から下まで支配しているのです。

ワシントンの情報機関の奥深くで、情報部の幹部たちは、この印象的なグループのことを、声を潜めて、謎めいた言葉で「300人委員会」と呼んでいる。リーダーたちは「オリンピアン」と呼ばれています。アメリカの大統領は、彼らの支持なしに当選したり、就任したりすることはない。

自分たちの支配に反対する者は排除される。例えば、ジョン・F・ケネディ、リチャード・ニクソン、リンドン・ジョンソンなどです。300人委員会は、新世界秩序を裏から動かしている国際社会主義世界政府であり、国際共産主義独裁国家として世界のすべての政府を完全かつ公然と支配するために出現する準備が整うまで、そこに留まることになるのです。

第11章

パラダイムシフト 教育上

1970年代には、「読み書き算盤」の代わりに「公民」の単位を取るなど、学校教育のパラダイムシフトが行われた。カジュアルなセックス」と「薬物使用」の流行が、学校に通う青少年を圧倒し、国中に広がっている。

1980年7月、カナダのトロントで、あらゆるシンクタンクからソーシャルエンジニア、サイバー専門家、未来学者など4000人が参加して、「第1回世界未来会議」という大規模な国際会議が開かれた。会議は、タヴィストック研究所の億万長者社長モーリス・ストロング氏がテーマを設定し、リードした。

> "反省と対話 "から "行動 "へと移行する時が来たのです。この会議は、1980年代のこの重要な行動の出発点となるものです。

ストロングは、「オリンピアンズ」の数ある「旗艦」企業の一つであるペトロカナダの会長であった。イギリスの秘密情報機関MI6に所属し、第二次世界大戦中は大佐の階級にあった。ストロングと彼の会社のネットワークは、非常に有利なアヘン、ヘロイン、コカインの取引に深く関わっていた。ストロングとオルダス・ハクスリーは、アメリカ、そしてヨーロッパを席巻したLSDペストの張本人である。国連環境計画のディレクターを務めた。

今回の会議で「オリンピアン」のメインスピーカーの一人が、NATOのシンクタンク「ローマクラブ」の会長であるアウレリオ・ペッチェイ博士である。

北大西洋条約機構（NATO）は、ウィリス・ハーモン率いるスタンフォード大学の社会学者たちのプロジェクト「アクエリアン・コンスピラシー」の一環として創設された。NATOは、「ローマクラブ」という新しい支部を結成し、推進した。この名前は、カトリック教会とは何の関係もないため、混乱と偽装を意図したものである。

ローマクラブ（以下、クラブ）の専門的な内容は省くが、その目的は、産業革命後の農業と軍事の拡大に対抗して、アメリカの機械化農業による製造業の急成長と食料生産力の増大に終止符を打つ「ポスト工業化農業ゼロ成長社会」を目指すことであったとされる。クラブとNATOのメンバーシップは交換可能であった。

スタンフォード・リサーチ、タヴィストック研究所など、応用社会精神医学のセンターがこれに加わった。1994年、タヴィストックはNASAと宇宙開発計画の効果を評価する大規模な契約を結びました。クラブ自体は、「一つの世界政府」の中の「新世界秩序」を求める一環として、1968年に設立されたばかりである。クラブは、先進国に成長制限を課すための道具となり、アメリカはその最初のターゲットとされた。

これは、実は「300」の目標、すなわちアメリカを新しいオカルト貴族に全国民が支配される一種の封建国家に戻すことを実行するための最初のステップの一つであった。クラブが猛反発した産業の一つが原子力発電で、発電用の原子力発電所の建設をすべて止めることに成功し、電力供給量をはるかに超える需要が発生したのである。NATOは、ロシアを抑えるための軍事同盟であった。

上記1980年の会議では、以下の項目が議題となった。

- 女性解放運動。
- タヴィストックの人類学者マーガレット・ミード

やグレゴリー・ベイトソンが提唱した黒人意識、人種混合、異種婚姻に対するタブーの排除。

- この会議で、「有色人種」は西洋文明の白人より優れているとする積極的なプログラムを開始することが決定された。オプラ・ウィンフリーをはじめとする多くの黒人が、白人より優れた「混血」を紹介する役割を担うために採用され、訓練されたのはこのフォーラムからである。
- *これは、黒人のスターが突然、有名になるくらいに増殖する映画にも見られることです。また、黒人が裁判官、FBIや軍の地方長官、大企業のCEOなど、白人より権威のある立場に置かれた場合にも見られる現象である。
- 社会の架空の悪に対する若者の反抗心。
- 企業の社会的責任への関心が高まっている。
- 世代間ギャップは、パラダイムシフトを意味する。
- 多くの若者の反テクノロジーへの偏見。
- 新しい家族構造の実験-
同性愛やレズビアンが「正常化」され、「他の人と変わらない」対人関係-
社会のあらゆるレベルで受け入れられ、二人のレズビアンの「ママ」が登場する。
- グリーンピース」のような偽物の自然保護／エコロジー運動の出現。
- 東洋の宗教的、哲学的な視点に改めて関心を持ったこと。
- キリスト教「原理主義」に対する新たな関心。
- 労働組合は、労働環境の質に着目しています。

- 瞑想などの精神修養への関心が高まり、「カバラ」はキリスト教文化に取って代わるものとなり、カバラを教え広めるために特別な人々が選ばれた。最初に選ばれた弟子は、シャーリー・マクレーン、ロザンヌ・バー、そして後にマドンナやデミ・ムーアである。
- 自己実現」プロセスの重要性が高まっていること。
- *アイス・キューブ」等による「ヒップホップ」「ラップ」等の音楽再発明。
- 英語が意味不明なほど切り刻まれた新しい言語形態。この現象は、ゴールデンタイムのニュースリーダーにも及んでいる。

これらの異質なトレンドは、社会の激動と大きな変化の兆しを示しており、新しい人間像が定着し始め、西洋文明に根本的な変化をもたらしているのである。

リーダー不在」だが強力なネットワーク、「見えない軍隊」が、米国に「受け入れがたい」変化をもたらすために動き出したのだ。その中心メンバーは、あらゆる形態の規範を先鋭化し、西洋文明の重要な要素と決別する「ショック部隊」であった。オリンピア」の間では、このネットワークは「アクエリアン・コンスピラシー」と呼ばれ、その信奉者は「見えないショック部隊」として知られることになった。

この巨大で取り返しのつかないパラダイムシフトは、我々が眠っている間にアメリカに侵入し、新しい政治的、宗教的、哲学的なシステムで古いものを一掃してしまった。これが、新しい世界秩序-
ワン・ワールド・ガバメントの市民が次に示さなければならないもの、新しい精神-
国民国家を持たず、場所と民族の誇りを持たない、歴史のゴミ箱に入る運命にある過去の文化が復活することはない、新しい秩序の誕生なのである。

この作品は、軽蔑と不信の目で見られる可能性が高いことを、私たちは経験から知っています。同情してくれる人もいるだろう。この作品を表現するために「out of ordinary」などの言葉が使われます。これは、タヴィストックの社会科学者、洗脳者、オピニオンメーカー、社会心理学者の、米国に戦争を仕掛ける動機を知らない場合の通常の反応である。第二次世界大戦を終わらせるために、タヴィストックがドイツの民間人に宣戦布告したことを、アメリカ人の9割は知らない確率が高いのだそうだ。

1946年にこの紛争が終わると、タヴィストックの集団洗脳・意見具申者たちは、アメリカ国民との戦争に突入していった。

もし、あなたがこのプレゼンテーションにこのような反応をしたとしても、悪く思わないでください - これがあなたの反応だと理解してください。もし、その動機が突飛であり、ありえない、あるいは理解できないと思われるなら、その動機は「存在しない」ことになる。そうであれば、結果としての行動は存在しないことになり、したがって「オリンピアンズ」は存在せず、プロットも存在しないことになる。

しかし、巨大な陰謀が存在することは事実である。タヴィストックの代表的な科学者であり、あらゆるシンクタンクの主要な理論家であるカート・ルインは、その気になれば、これまで私たちが説明した以上に明確に説明できることは間違いないでしょう。彼の実践は、彼が「トポロジー心理学」と呼ぶ教義に由来している。ルインは、第二次世界大戦の心理戦の戦いを成功させた理論家であり、今ごく簡単にお話しした、ドイツの労働者住宅の65%を大量破壊して第二次世界大戦でのドイツの敗北を招いた戦略爆撃を計画・実行した人物である。

第12章

ルインの教義「アイデンティティチェンジ

ルヴァンの教義は、素人には簡単には理解できない。基本的にルインは、すべての心理現象は「心理的位相空間」と定義される領域の中で起こるとしています。この空間は、「環境」と「自己」という、相互に依存し合う2つの「場」で構成されています。

制御された環境」という概念は、固定された性格（予測可能な方法でプロファイリングできる性格）があり、その性格から特定のタイプの行動を得たい場合、方程式の3番目の変数を制御するだけで、望ましい行動が得られるという研究から生まれました。

社会心理学の公式では定番でしたね。MI6が使用し、軍隊の対反乱作戦、労働交渉、外交交渉など、交渉を伴うほとんどの場面で、1960年代まで使用されていたようだ。

1960年以降、タヴィストックは、統制された環境の技術に重点を置き、行動ではなく、望ましい人格を実現するために方程式を変更したのです。ルーインが目指したのは、人間の人格の深い構造を変えるという、はるかに根本的で永続的なものであった。つまり、ルーインが成し遂げたのは、「行動の修正」を超えて「アイデンティティの変更」にまで踏み込んだことだったのです。

アイデンティティの変化は、世界の国々で受け入れられました。世界の見方を変えるような「新しい個性」を身につけようと、各国は努力していたのだ。

この理論は、2人のタヴィストックの理論家、ウィリアム・サージェント博士の著書『*心の戦い*』における理論と、クルト・ルウィンの人格退行に関する研究に基づいて、独自に定式化されたものである。

ルインは、「個人の内なる自己は、環境の緊張にさらされると、ある種の反応を示す」と観察しています。緊張がないとき、人の正常な内面はよく分化し、バランスが取れ、多面的で多才なのです。"

> 「環境から適度な緊張が与えられると、内なる自己のすべての能力と能力が目覚め、効果的に行動できるようになります。
>
> しかし、耐え難い緊張がかかると、この幾何学は盲目の未分化なスープに崩壊し、退行状態にある原始的な人格となる。人間は動物に成り下がり、高度に分化した多彩な能力は消えてしまう。管理された環境が人格を支配する"

グアンタナモ湾収容所の捕虜に、国際法や米国憲法を無視して使われているのは、このルイン「テクニック」である。このキャンプでのブッシュ政権の露骨な不正行為は、通常の西洋キリスト教文明の範囲を超えている。従順なアメリカ国民によるこの受け入れは、アメリカ国民がタヴィストックの「長距離浸透と国内条件付け」によって大きく変容し、このような野蛮な「治療」が正常とみなされ、抗議なしに受け入れられる「一つの世界政府」における新世界秩序のレベルまで降りる準備ができた最初のサインかもしれない。

医師が他人の非人道的な拷問に参加し、何の反省もないということは、世界がすでにどれほど落ちぶれたかということだ。

これは、キューバのグアンタナモ湾に開設された軍事キャンプが、米国憲法の制約を避け、ルイン型の管理環境を提供するための基礎となったことが確認された。この心理的監獄に収容された男たちは、今や動物のレベルにまで落ち込んだ退行状態である。

グアンタナモは、新世界秩序（ワンワールド政府）が世界を完全に支配するとき、米国と世界の至る所に設置されると私たちが信じている収容所である。サディスティックで非人道的で獣のような収容所であり、犠牲者の生まれながらの誇りを打ち砕き、抵抗する意志をなくし、囚人を獣にするために作られたものだ。

当時のソ連における世界政府の最初の実験では、男性はトイレを使うことだけが許され、避難の途中で中断され、身なりを整える前に押し出されたのです。アブグレイブやグアンタナモも、管制官が世界中から監視されるようになったときは、このくらいのレベルだった。カポの長であったミラー将軍は、その後、姿を消した。

米国政府が憲法に従うことを主張し、憲法上の権利を要求する『反体制派』は、将来、ロシアでスターリンが『反体制派』を扱ったように、『反体制派』として扱われることになるでしょう。アメリカのあちこちにできた未来の「グアンタナモ」は、来るべき事態の前触れである。それは確かなことです。

第13章

2つの世界大戦の間の西洋文明の衰退を誘発したもの

ヨーロッパ諸国の中で、2つの世界大戦の間に、超経済的、超人種的、超戦争的国家であるドイツは、予期されたように最も被害を受けた。国際連盟は、一国政府による新世界秩序の「第一草案」であり、タヴィストックの指示と統制によるパリ講和会議の「平和提案」は、ドイツを永久にヨーロッパの二流大国に廃し、その自尊心は貧困層かせいぜいプロレタリアへの社会的降格で破壊されるよう設計されていた。

ドイツ国民が熱狂し、ヒトラーが潜在的な民族主義運動を再生の力に変えるために必要な大衆的支持を得たことは、驚くには当たらない。

タヴィストックが誤算だったのか、それとも、より大きく、より血なまぐさい戦争の舞台を用意したのか、私たちには知る由もない。ミードやラッセルは、「従順な臣民が住む世界が必要だ」と言っていたのだ。ラッセルは、アメリカを旅して出会ったアメリカ黒人の「幼稚」な性格について発言していた。ラッセルは、白人より彼らの方が好きだと言っていた。また、「白人が生き残るためには、黒人のように子供のように振る舞うことを学ばなければならない」とも言っていた。しかし、タヴィストックの使者は、その考えを拡大解釈して、黒人を「役に立たない食いしん坊」と呼び、「黒人は集団で排除されるべきだ」と宣言した。

また、ラッセルは、「奴隷として連れてこられたアフリカ人との異人種交配」によるブラジル人のおとなしい性格も高く評価しているという。

2つの世界大戦を計画した怪物たちの主要な目的の1つは、白人の若者たちによって主に戦わせることだったという説がある。ドイツ、イギリス、アメリカ、ロシアでは、何百万人もの男子の花が失われ、国の遺伝子プールから永遠に排除されたことは確かである。タヴィストックが設計した第一次世界大戦では、戦線と戦闘が組織化され、ロシアは総兵力の70%に当たる900万人を失うことになった。

ロシアを除いて、貴族はブルジョアジーに比べて、戦争や革命の経済的影響から受ける被害が少なかった。伝統的に彼らの財産の多くは土地であり、インフレになっても他の有形資産のように減価することはなかった。

イギリスを除く上流階級の人々は、士官や外交官として社会に貢献することができなくなり、戦前とは比較にならないほどその機会が少なくなった。

ロシア貴族の中には、戦後のパリでタクシー運転手、ナイトクラブのポーター、ロシア人執事としてプロレタリア、あるいは労働者階級の身分を勇敢に受け入れた者もいれば、実業家になった者もいる。しかし、ほとんどの人は、社会的に否定される人生に陥ってしまった。かつては、旧来の君主制の首都とそれ以外の社会では、厳密に守られた境界線が通れなかったが、今では境界線が曖昧になり、大きなギャップが出現している。

ウィンザー公は回顧録『*A King's Story*』でこう語っている。

> 「しかし、まだ、変化の力は、英国社会に深く浸透しておらず、古いエレガンスの多くを消し去ってはいない。

> いわゆるロンドンの季節になると、ウエストエンドは夜中から明け方までほとんど舞踏会のような状態になった。その夜は、当時流行の、そしてほとんど立派になったゲイ・ナイトクラブに行けば、いつでも救われるのだ。

(当時、「ゲイ」は「幸せ」という意味だった）。50年代半ばになってようやくbuggeryの婉曲表現として使われるようになった）。また、公爵は、彼が言う「変化の力」がタヴィストック研究所によって巧みに適用されたものであることも説明しなかった。

第一次世界大戦が終わった直後から顕在化した女性の慎み深さの低下は、あらゆるところに突然現れ、そのスピードはますます速くなった。知らない人から見れば、社会現象ともいえるものだった。ウェリントン・ハウスとその邪悪なソーシャルエンジニアが原因だと、誰も疑わなかったのだ。

この女性の解放は、特に若者の間で、没落した帝国の壊れた偶像の中で消えつつあった、従来の心や体の拘束に対する反乱を伴っていたのである。戦後のヨーロッパでは、戦争の悲惨さを払拭するために、あらゆる慣習に反旗を翻した世代がいた。胸の谷間は大きく開き、人前での喫煙や飲酒は一種の反乱となった。同性愛やレズビアンは、内心の確信からではなく、起こったことに対する抗議として、また戦争が破壊したものすべてに対する反抗として、あからさまになったのです。

過激で革命的な過剰さは、芸術、音楽、ファッションに現れました。ジャズ」が流行り、「モダンアート」が「粋」とされた。すべてにおいて理解できる要素が「don't have a care」[8]。不安で非現実的なものであった。ヨーロッパ中がショックを受けていた時代です。ウェリントン・ハウ

[8] "何も気にしない" Ndt.

スとタヴィストックは、よく仕事をしたものだ。

どうしようもない出来事に突き動かされるような慌ただしさの裏には、精神的、感情的な無感覚があるのです。何百万人もの若者が不必要に虐殺され、傷つけられ、ガスを浴びせられた戦争の恐怖は、まだ感じられ始めたばかりだったので、「記憶から消し去る」必要があったのです。

犠牲者は、戦争の恐ろしさと残酷な醜さを現実のものとし、人々はショックと革命、そして平和への幻滅がもたらす絶望の中で反動したのです。西洋文明を体現した優れた文化を持つヨーロッパ人は、アメリカ人以上にショックを受けた。

彼らは、彼らの父や祖父を支え、彼らの国を偉大なものにした進歩の初歩への信頼を失った。そして、特にドイツ、ロシア、フランス、イギリスがそうであった。

思慮深い人々は、世界で最も文明的で先進的な2つの国が、なぜ自らを引き裂き、何百万人もの優秀な若者の命を奪ったのか、理解できなかったのだ。まるで、イギリスとドイツが恐ろしいほどの狂気に支配されてしまったかのようだ。

知る人ぞ知る、イギリスの若者を虜にしたのは、狂気ではなく、ウェリントン・ハウスの方法論だったのである。また同じことが起こるかもしれないという不安から、第二次世界大戦の勃発はほとんど阻止された。

大虐殺から帰還した将校たちは、「第一次世界大戦」でしばしば行われた白兵戦の恐怖を新聞に表現した。彼らは驚愕し、怯え、おののき、意気消沈した。なぜ戦争が起こったのか、誰も理解していない。ウェリントン・ハウスと「オリンピアン」の暗い秘密は、今日もなお隠されたままである。

かつて、ロンドンのホワイトホール慰霊碑に英国王が冠を捧げることは、安らぎをもたらしたが、今では苦渋、怒り、嫌悪感を引き起こしている。第二次世界大戦の舞台となり、タヴィストックは不釣り合いなほど大きな役割を果たすことになる。

例えば、歴史ではシュペングラー、文学ではヘミングウェイ、イヴリン・ウォー、アメリカではアプトン・シンクレアやジャック・ロンドンなど、何か言いたいことがある思想家は何人かいたが、彼らのメッセージも同様に暗いもので、西洋文明の必然的衰退というシュペングラーの暗い予言よりさらに暗いものであった。

このような印象は、戦後、人間関係が悪化したことによっても、確認された。離婚や浮気の頻度も高くなった。台座に座る女性、優しく女性らしい女性、カデンシャルな美しい声、神の創造の花、神秘という美しい概念は、消えつつある理想だったのだ。その代わりに、特に人気のある朝のトークショーが取り上げて広めたような、耳障りなしゃべり方をする、うるさい、下品なものが登場したのである。

この悲しい衰退が、タヴィストックによる西洋の女性性への戦争の結末であることを、誰も知る由もなかったのである。

戦後のヨーロッパで、パリのモンパルナスは寂しい場所になっていた。戦後のウィーンは、多くの息子たちが戦争の波にさらわれて空っぽになり、さらに悲しい状況になっていた。しかし、かつてあれほど活気に満ち、清潔だったベルリンは、ヨーロッパのバビロンと化し、おそらく最も悲しい場所となってしまった。

> 「あの黙示録的な数ヶ月、数年間を生きてきた誰もが、嫌悪と憤りを感じ、反動の到来を感じ、恐ろしい反応を示したのです。

と歴史家ツヴァイクは書いている。

君主、貴族、旧来のブルジョア王朝の後を継いだ新しいパワーエリートたちの政治的、精神的、社会的破産は、多くの点で先人たちのそれよりも壮絶であり、フランクリン・D・ルーズベルトの下で社会主義時代が到来したアメリカほどその傾向が強い国はない。しかし、今回、リーダーシップの喪失は、ある大陸に限定されたものではなく、ある特定の社会階層に限定されたものでもない。

ルーズベルトのアメリカは、地理的な新世界として、オーストリア・ハンガリーよりも時代錯誤であることを証明することになった。ここでは、フェビアン協会が作ったモデルをそのまま受け継いだ新世界秩序の「民主的」社会主義を打ち立てている。一方、アメリカは連合立憲共和国であり、これは正反対である。

ヨーロッパの権力と威信の中心が旧西側民主主義諸国から中央帝国に移ったことも、没落した君主国の伝統的支配層が米国に取って代わられたことも、戦後世界の経済、政治、社会、道徳、宗教的環境の改善に役立ったとはいえない。ウォール街の大暴落とそれに続く不況は、私たちの主張が真実で正確であることを、無言ではあるが雄弁に物語っているのである。

このイベントがTavistock Instituteによってどのように企画されたかは、付録のイベントカレンダーで確認することができます。

第14章

アメリカは「祖国」ではない。

アメリカは長い間、大規模なプロパガンダを広めるための最も肥沃な土地であった。その住民は共謀、嘘、欺瞞の対象であり、その中でイギリスは常に世界をリードしてきた。世界初のマインドコントロール、洗脳、プロパガンダの中心はタヴィストック人間関係研究所である。その前身は、ロスチャイルドの相続人と結婚したノースクリフ卿が設立した組織で、ロスミア卿、アメリカ人のウォルター・リップマンとエドワード・バーネイズが中心となって支援したものである。

1914年のこのささやかな始まりから、タヴィストック人間関係研究所は、壮大なスケールのプロパガンダを作り出すことでは他の追随を許さない存在となった。タヴィストックは、人生のあらゆる側面に適合するように布教し、撲殺することに特化した機関である。タヴィストックは、プロパガンダを戦いのように捉え、ある意味そうであった。中途半端は許されない。勝利のためなら何でもありの戦争なのだ。

政治の現場を見ると、この20年の間に、プロパガンダ、特にマインドコントロールの深化と量の増大がいたるところで見られるようになったという事実から逃れることはできない。経済的なものであれ政治的なものであれ、あらゆる問題に対してプロパガンダを正しく適用することは、政府の統制機構に不可欠な要素である。

スターリンはかつて、従順な国民を望むなら、彼らに恐怖と恐れを解き放たなければならない、と言った。ある意味、アメリカやイギリスで起こったことです。

第二次世界大戦は、プロパガンダを芸術化するための無限の機会を提供した。ルーズベルト政権が、87%のアメリカ国民がヨーロッパへの参戦に反対していたのを変えるために行った努力を見ると、ルーズベルトは成功していないことがわかる。アメリカ国民は、ヨーロッパで戦争をすることを拒否したのです。

日本軍の真珠湾攻撃という、あらかじめ選ばれた口実と、仕組まれた状況が、アメリカのヨーロッパ戦争への参戦を支持する世論を変えたのである。ルーズベルトは、アメリカは民主主義とその生活様式のために戦っていると主張したが、全くそうではなかった。戦争は、単一の世界政府のもとでの新しい世界秩序という目標に向けて、国際社会主義の大義を推進するために行われていたのだ。

効果的であるためには、宣伝は個人や個々の集団ではなく、全住民に向けられなければならず、その目的は可能な限り広い範囲の注目を集めることである。個人的な指導を目的としたものではありません。プロパガンダには事実は関係ない。プロパガンダは常に印象を作り出すことを目的としている。政府、メディア、政治家の言うことが真実であると、一方的、体系的、持続的に教え込まなければならないのです。そして、それが自分の考えだと感じてもらえるように提示しなければならない。

したがって、プロパガンダは、そのメッセージが心に響くような大衆を対象にしたものでなければならない。一般に受容的な聴衆に採用されるようなプロパガンダの最近の例を見てみよう。世界貿易センタービルの事故を受けて、ブッシュ大統領は「国土安全保障局」という新しい政府機関を創設し、その監督をする長官を任命した。

これは、ブッシュが提案したすべての権限を各州に留保している憲法修正第10条（ ）を見るまでは、とても心地よく、なだめるように聞こえるだろう。

ブッシュ氏が憲法修正第10条を覆すことができないという事実は、あっけなく無視された。プロパガンダのテキストには、彼はできると書いてあり、彼は大衆を前にしていたので、彼らは憲法よりもテキストを信じた。だから、このあからさまな憲法違反、特に10
憲法違反に対する有効な反対はほとんどなかった。ブッシュはスターリンの指示で行動したようだ。

> "国民を支配したければ、まず恐怖を与えることから始めよ"

国土安全保障」準法案に反対する人々は、「非国民」「テロ支援者」のレッテルを貼られた。繰り返すが、このインチキ法律が法律などではなく、純粋なプロパガンダであるという絶対的な事実が問われることはなく、思考停止した国民によって受動的に受け入れられている。こうして世論が形成され、議員たちが『国土安全保障』やその他のインチキ法案に投票するようになるのだ、とバーネイズもリップマンもウェリントン・ハウスの最初の頃に主張していたのである。議員は、英国の議会制度のように党派に沿って投票し、米国憲法に基づいて投票することはない。彼らは、大統領に反対すれば、次の選挙で楽な仕事を失ったり、悪巧みをする「政権屋」に誹謗中傷されたりする可能性が高いことを知っていたのだ。

アメリカは「祖国」ではなく、50の独立した州である。いずれにせよ、「祖国」という言葉は、共産党宣言からそのまま出てきたものである。政府の最終目標は新しい世界秩序、国際共産主義政府の樹立であるから、共産主義法案のタイトルにこの言葉が選ばれても、驚くにはあたらないだろう。

教育、福祉、警察権をコントロールする権限は、常に存在している州に属しており、コンパクトの時点で州から取り上げられたわけではない。ブッシュ大統領にも、上下両院にもそれを変更する権限はなく、今回新設されたオフィスがそれを提案した。持続的、組織的、反復的なプロパガンダの行使によってのみ、各州の人々はこの明白な合衆国憲法違反を受け入れたのであった。

国土安全保障長官」の経歴や経験、仕事内容などについての記事は多数掲載されているが、新省庁のあからさまな違憲性については一言も触れられていない。プロパガンダの太鼓叩きは続く。国土安全保障」というタイトルが、巧妙なプロパガンダであることはおわかりいただけるだろう。国民は、新機関が合憲であるばかりでなく、必要なものであることを確信するようになった。大衆は今、見事に「マインド・コントロール」（洗脳）されているのだ。

CBSのイブニング・ニュースを見るだけでなく、この問題を研究しようとする人は、独立したコメンテーターの説明と、報道機関の説明の間に、まったく異なるものを見いだすだろう。いつものように、その人は少数派なので、たとえその人の意見が出たとしても、新機関設立の目的や意図が変わることはないでしょう。米国憲法と50の州の憲法は、米国が連邦政府の中央監視機構を持つことを禁じています。国土安全保障」法案は茶番である。なぜなら憲法修正第10条
で原州に与えられた共和制の政府形態を破壊するものであり、これを取り上げることはできないからである。

したがって、いわゆる国土安全保障法は無効であり、法律では全くない。しかし、タヴィストックに洗脳され、それゆえに操られている犠牲者たちは、まるで法律のようにそれを遵守するのです。

要するに、国土安全保障庁は見せかけで、法律として成立させることはできないのだ。違憲の施策は成立せず、

議会は国土安全保障省や愛国者法を違法に生んだ「法律」を直ちに廃止することが緊急の義務である。覚えておくべき重要な点は、プロパガンダと大衆洗脳は、常にそれが意図する目的との関連で考えなければならないということです。この場合、「保護」と引き換えに自由を犠牲にしなければならないと民衆に信じ込ませている。史上最高の憲法学者ヘンリー・クレイは、この策略を「必然の教義、地獄の教義」と呼び、このような試みは徹底的に非難した。

H.V.ディックスはタヴィストックで教鞭をとっていた。彼は、すべての人のために個人の権利は犠牲にされなければならないと宣言したのですこれには、国の最高法規に違反する措置も含まれているのですみんなのためになることだから、受け入れなければならないのですこれは、ルーズベルト大統領が、日本を経由して、進行中のヨーロッパでの戦争にアメリカを巻き込もうと必死になっていたことに伴うプロパガンダと洗脳によって、最もよく説明できる。

予想されていた真珠湾攻撃が起こったとき（ルーズベルトはそれが起こる日と時間を知っていた）、彼はタヴィストック研究所が彼のために書いたスピーチで、アメリカ国民は、国家の防衛、自由の防衛、国家の将来の安全と幸福という最高で最も崇高な目的のために戦うと発表したのである。このようなケースではよくあることですが、事実はまったく異なる目的を語っています。

ルーズベルトは、アメリカ国民が国際社会主義の進展と新世界秩序の目標、すなわち一国政府のもとでの国際共産主義の確立のために戦うために戦争に行くとは言っていないのである。

アメリカ国民は、ドイツが世界を奴隷にするつもりであることを知らされた。これは非常に良い反論である。なぜなら、最も教養のない人々でさえ、奴隷制度が人類に求められる最悪の運命の一つであることを知っているからである。隷属」という言葉を導入することで、琴線に触れたのです。

またしても、プロパガンダは事実とは無関係だった。プロパガンダに影響されない思慮深い人々なら、ドイツのような小国が世界を奴隷にしようと思ってもできないことに気がついただろう。リソースとマンパワーが足りなかったのだ。ドイツは、このような米国への攻撃を現実のものとするために必要な膨大な海軍艦隊を保有していなかった。

戦争の推進者たちは、その勢いを維持するためには、持続的なプロパガンダが必要であることを最初から理解していたのである。チェイニー副大統領は、米国のイラク攻撃までの数週間、同じ原則に従った。彼は事実を歪め、一連の「恐怖の演説」を流布し、情報情報を自分の目的に合うようにねじ曲げたのだ。チェイニー氏ほど、イラクとの戦争が土壇場で回避されないように努力した人はいない。

ルーズベルトにとって、「問題」に大衆の目を向けさせ、周知させることが重要であった。それゆえ、新聞で延々と報道し、映画館で何度も何度も「ニュース映画」を上映し、政治家による洗脳演説を延々と続けたのだ。

プロパガンダは、軍需工場、造船所、航空機組立工場で働く労働者がすべて「戦争の努力」のために「ホームフロント」で働いているポスターなど、国家の最低レベルの知性に容易に理解できる媒体で提示されるべきである。

WTCの悲劇の後、この種の大衆洗脳的なプロパガンダの多くが復活した。ほとんどすべてのテレビ画面に「戦争中のアメリカ」「最前線」「そして弾薬庫」「敵の部隊の位置」という字幕が表示されるようになったのだ。

宣戦布告されていないのでアメリカは戦争状態にないこと、緩やかに構成されたゲリラ集団以外に敵「軍」が存在しないことなどは、もちろん省略されている。

辞書によると、部隊は「兵士の体、軍隊、通常は複数形」と定義されています。タリバンは軍隊を持たなかったので、兵力もない。さらに、「テロリズム」や「ボルシェビズム」など、いかなる「イズム」に対しても宣戦布告することはできなかった。米国憲法によると、宣戦布告は主権国家に対してのみ可能である。

宣戦布告は、ある国、またはその国に住む特定の国民に対してのみ可能です。それ以外は、大皿に旗を振り、武術的な音楽を添えて提供されるタヴィストック流のたわごとである。米国がタリバンと戦争していると言うのは、欺瞞の極みである。戦争状態になるには、事前に宣戦布告が必要です。宣戦布告がなければ、それは欺瞞であり、実際にはまったく戦争ではない。

新たな次元が加わりました。米国憲法のもとで戦争遂行権や立法権を否定されていたブッシュ大統領に、突然、米国憲法に存在しない権限が与えられたのである。

彼は「最高司令官」と呼ばれるようになったが、この一時的な称号は、完全な宣戦布告の後に議会が与えることができるものであり、彼にはその資格はなかった。こんなことはなかった。

彼は、自分の好きな人に「敵性戦闘員」のレッテルを貼る力を持つと神秘的に「宣言」しているのです。憲法にそのような規定がないこと、また、その規定が明示されていないことも、ブッシュ氏には関係ない。

このように、現職のアメリカ大統領による違法かつ違憲な権力の掌握は、ウッドロウ・ウィルソンが全く権利のない10の追加権限を「奪った」ことに始まり、ルーズベルトが30の権限を「奪い」、ブッシュが合衆国憲法が否定する35（と数える）の権限を奪ったことにまで及んでいるのである。

実際、米国はタヴィストック研究所の専門家の指導の下、「国内条件付けと長距離浸透」によって米国民を洗脳し、無法国家と化してしまったのだ。

南アフリカ共和国の巨大な金鉱脈を支配するために英国が始めた戦争で、英国のプロパガンダはボーア人に対して同じ嘘の言葉を使っていたことを付け加えておこう。イギリスの新聞は「ボーア軍」の話で持ちきりだったが、ボーア人には軍隊はなく、農民と市民によるゲリラ軍に過ぎなかった。

1913/1914年のカイザー・ヴィルヘルム2世のように、トランスヴァール共和国の神を畏れる家長であるポール・クルーガーは、イギリスの新聞で黒人を残酷に弾圧する悪質な暴君として悪者にされていたが、それは真実とは全く関係がない。

やがて、第一次世界大戦、第二次世界大戦と試行錯誤を繰り返しながら、ある処方が開発され、アメリカのアフガニスタン攻撃で取り上げられ、採用された。アメリカ人の心理レベルに合わせた内容で、ほとんどの人の興味を引くのに十分だった。2つの世界大戦でプロパガンダの技術で学んだ教訓は、ヨーロッパの舞台からアメリカの主流に、そして後にイラク、セルビア、アフガニスタンに移されただけである。

1912年、ロンドンのウェリントン・ハウスでノースクリフ卿が開発した、単純化されたスローガンやキャッチフレーズ、ステレオタイプ化された定型文に象徴されるように、洗脳は必要不可欠なものに限定されていたのだ。イギリス国民は、ドイツ国民が「敵」であることを教え込まなければならなかった。悪いこと、残酷なことはすべてドイツ人のせいにされ、イギリス人の多くは、ドイツ人は実際、手段を選ばない残酷な野蛮人であると信じるようになった。ベルギー人の女性や子供を殺す「クラウトの肉屋」を描いたポスターがあちこちに貼られていた。

第15章

プロパガンダにおけるメディアの役割

メディアがプロパガンダに大きな役割を果たしてきたように、それがどこから始まり、アメリカのメディアが、ほとんど完全にコントロールされたプロパガンダ機関であるようになったのか、見てみる価値はあるかもしれない。第一次世界大戦に至るまで、公人が操られる典型的な一連の出来事であったが、最も悪いのはイギリスとアメリカの新聞社であった。すべての戦争がそうであるように、国民を巻き込むためには、誰かを悪者にしなければならないのです。1913年、あの恐ろしい戦争の前、間、後に悪者にされたのは、ドイツのカイザー・ヴィルヘルム2世であった。

この時代の主要なプロパガンダの創造者の一人が、ロスチャイルド家の親戚でドイツの敵であり、悪名高い報道男爵のノースクリフ卿であった。ノースクリフはウェリントン・ハウスを反独プロパガンダの一大拠点として運営し、特にヴィクトリア女王のいとこで、ベニスの有名な黒ゲルフ家のウィリアム2世を憎悪していた。

ノースクリフは機会あるごとにウィリアム2世をいじめ、特にカイザーがドイツの軍事力や腕前について話すと、それを批判した。ウィリアムは幼稚な自慢話をする傾向があり、ほとんどのヨーロッパ諸国政府は、彼を「兵士ごっこ」が好きで、奇抜な装飾を施した軍服を着ている人物であると認識していた。ウィリアムは、まったく軍人らしくなかった。ロスチャイルドであるノースクリフはこのことに苛立ち、カイザーが好んで言っていた「ドイツの天下取り」が他のヨーロッパ諸国にとって危険であると「警告」し始めたのだ。この主張が何の根拠もないことは、ノースクリフには気にならないようで、信憑性を高めるために最大限に利用している。

実は、当時のドイツは脅威ではなく、またカイザーは攻撃態勢の整った強靭な戦士でもなく、むしろ神経衰弱をしがちで5年間に3回も故障し、ほとんど役に立たない枯れた腕で、武人というイメージは全くなかったのである。武闘派に最も近いのは、豪華なユニフォームを愛用したことだ。実は、ウィリアム2世はドイツ軍をほとんど、あるいは全く支配していなかったのだが、この事実をノースクリフはよく知っていたにもかかわらず、無視することにした。

この点で、カイザーはイギリスの君主ジョージ5世と同格であり、イギリスの遠征軍をコントロールすることはできなかった。それでもノースクリフは、ヴィクトリア女王のいとこのドイツ人に猛烈な攻撃を仕掛け、ベルギーを横断したドイツ軍が行ったとされる残虐行為の全責任を負わせたと非難したのである。もちろん、ドイツ上層部が中立国ベルギーに侵攻したことは間違いであったが、それは通過点であって、占領するつもりはなかった。

これは、フランス軍を出し抜くためにベルギーを「ショートカット」してパリに進撃するという戦術的な計画の一部であった。民間人を故意に殺しても何の得にもならないことは、ドイツ軍最高司令部が強調していた事実である。ノースクリフは、カイザーを「世界征服への渇望」を持った「誇大妄想狂」と評したが、いずれにしてもヨーロッパの全能の能力をはるかに超えた存在であった。1940年、チャーチルはヒトラーが同じように「世界征服」を望んでいると非難したが、彼はそれが真実でないことを知っていた。また、チャーチルはヒトラーを「狂人」と言ったが、これは首相に対する自分の性格づけが誤りであることを知ってのことだった。

しかし、ノースクリフはめげずに、自分のメディアで常にウィリアム2世を「ヨーロッパの狂犬」と呼ぶようにした。

ウェリントン・ハウスは漫画家に依頼し、ウィリアム2世を狂気の貪欲な犬、シミアのような生き物として定期的に描いてもらった。これらの粗悪な戯画は書籍化され、マスコミはすぐに絶対的な不条理の地位を与えた。アニメは趣味が悪く、さらに出来が悪い。この本は、イギリス人が「ペニー・ホラーズ」と呼ぶものだった。

マスコミの力を見せつけ、ノースクリフ社はマスコミにこの本を絶賛させた。首相であったアスキス卿は、本質的に絶対的な茶番劇であるこの作品の序文を書くように説得された。ウィルソン大統領は、本を売るために全米を回っていた「芸術家」であるオランダ人のレーマーカーズをホワイトハウスに招いた。予想通り、ウィルソンはこの漫画家を賞賛し、この本に賛辞を贈った。

伝説的な雑誌『*パンチ*』さえも、ウィリアムを最悪のイメージで描くキャンペーンに参加した。ウェリントン・ハウスから溢れ出る誹謗中傷の嵐を、どの新聞社も掲載する義務を免れなかったようだ。それは、最も残酷な形のプロパガンダであった。

やがて、その影響は国民にも及び、カイザーの「絞首刑」を主張するようになり、ある大臣は「ドイツ人をすべて射殺することを条件に、ドイツを許す」とまで言い出した。ハリウッドもすぐに、何も知らないカイザーを非難する行為に加わった。まず、在ベルリン・アメリカ大使のジェームス・W・ジェラードが書いた本を映画化した「私のドイツでの4年間」。この映画は、カイザーの戦争準備の事実記録として紹介されている。ヴィルヘルムは、妄想癖のある6歳児のIQを与えられ、徴用馬に乗る男として描かれている。彼の障害についての辛辣な描写が何百回も繰り返される。

ベルリンの野獣」と呼ばれるハリウッド版では、虐殺されたベルギー市民を見てほくそ笑み、魚雷を受けた船を見てキャッキャと笑うカイザーが描かれており、最悪の事態を招いたのである。しかし、その目的は達成され、ドイツ人とドイツ的なものに対する激しい憎悪を生み、それは驚くべき速さでアメリカにも広がっていった。

これは史上最悪のプロパガンダの基本であり、イギリス政府によって、国内だけでなく、最も重要な場所であるアメリカでも執拗に実行されているのである。ウェリントン家は、アメリカが戦場でドイツを打ち負かすことを期待していたのだ。

1990年代後半、アメリカ国民の大勢が、タリバンと、タリバンと関係のないイラクのフセイン大統領について同じことを信じるのは時間の問題であった。(実際、お互いに憎み合っていた）。

根本的な疑問：「タリバン全体として、そしてタリバンとは別にアフガニスタン国民がWTCの卑劣な爆破に責任があったのか？"タリバン
"は本当に存在するのか？それとも、オサマ・ビンラディンはカイザー・ヴィルヘルム2世のような存在なのだろうか？もしかしたら、50年後には真実を知ることができるかもしれない。一方、タヴィストック研究所は、プロパガンダのカードを存分に使い、またしても成功したのである。

終戦後、カイザー・ウィルヘルム2世の神話は根強く残っていた。実際、戦前と戦中に彼を悪者扱いした同じ宣伝機関が、1959年7月13日のカイザー・ウィルヘルム2世の1

00歳の誕生日に、BBCがこの悪名高い旧ドイツの指導者に関するドキュメンタリーという形で祝うまで、その勢いを止めなかったのである。

カイザーがベルギーの子供の腕を剣で切り落としたとか、ドイツ兵の隊列が通過するベルギーの村で女性をレイプしたとか、血生臭い話でイギリス人を脅したが、どれも真実とは少しも似ていない、と説明する。

アメリカ人のリップマンやバーネイズら、ノースクリフ一派が吹き荒れる憎悪の嵐に、英国議会の聡明な議員たちまでもが巻き込まれたのである。しかし、BBCのドキュメンタリーでは、怪物的なカイザー・ヴィルヘルムの神話がどうして突然現れて、ヘッドラインを飾ることができたのか、説明しようとはしていない。

同様に、オサマ・ビン・ラディンがなぜ突然登場し、驚くほど短期間でカイザー的な悪役になったのか、私の納得のいく説明は誰もしていない。なぜ、このようなことになったのか？

第一次世界大戦の勃発に合わせ、ウィルソン大統領が連邦準備銀行設立のための法案を下院に駆け込ませたのは歴史的事実であり、自由に印刷できる紙幣ドルがなければ、戦争は起こらなかっただろう。自由に印刷できる紙幣ドルがなければ、戦争は起こらなかっただろう。

何千もの新聞、雑誌、看板からにらめっこしている漫画のキャラクターから、どうして突然カイザーが誕生したのだろう。彼は、今日まで秘密にされてきた英国陸軍省の巨大なプロパガンダ・マシンの産物であったことが分かっている。その機械は、1913年当時と同じように、今日も秘密裏に存在している。

私たちの調査によると、タヴィストック研究所は、これまでに作られた最もグロテスクな嘘の発祥地で、特に巧妙なマインド・コントローラーの犠牲となった、唖然とし無知な一般大衆に真実として提示されていることが判明しました。

第16章

科学的プロパガンダは有権者を欺くことができる

ベルリンの獣」、そしてそれがヨーロッパに放たれるのを「連合国」が食い止めたという話は、今日、世界の大多数の人が必ず耳にしたことがあるはずだ。最近では、「バグダッドの野獣」という言葉も耳にしたことがある人が多いだろう。

しかし、1912年から1925年にかけて何十万もの文書を徹底的に調査し、カイザー・ウィルヘルム2世の第一次世界大戦の開戦を完全に否定した著名な学者、ハロルド・ニコルソン卿の名を聞いたことがある人はどれほどいるだろうか。

このことをどれだけの人が知っているのだろうか。テストにかける。地元のトークショーで試してみてください。つまり、25年以上にわたって、カイザーの神話は見出しを独占し、イギリスとアメリカの何百万人もの人々をドイツに敵対させる効果をもたらした。これは、1913年に開設されて以来、イギリス国民の喉をつかんできた巨大な宣伝機関の不公平で不幸な結果であった。ウェリントン・ハウスとその後継機関であるタヴィストック人間関係研究所の話です。

この神話のすごいところは、その寿命の長さです。しかし、プロパガンダの目的は、まさに神話、嘘、誤った情報を永続させることであり、真実が忘れ去られた後も長く続くものである。日本は永遠に真珠湾攻撃と「南京大虐殺」の責任を負わされ、チャーチルは永遠に残忍な戦争屋ではなく、偉大な男として賞賛されることでしょう。

同様に、コリン・パウエルは最近イラクを訪れ、フセインがイラク・イラン戦争で「クルド人にガスを浴びせた」と見出しのついた発言をした。

クルド人の村に落ちたガス入りのミサイルは、イラクが保有していないホスゲンという種類のもので、イランが保有していたのが真相である。何が起こったかというと、イラクの攻勢で、イランがイラクの陣地にガス入りのロケット弾を大量に発射したのですが、一部が国境沿いのクルド人に落下したのです。このことは、イラクを完全に免責とした米軍ウォーカレッジの報告書でも確認されている。

しかし、この告発は慎重に反論されたものの、約30年後の2005年、ジョージ・ブッシュ大統領の代理としてマレーシアを親善訪問したカレン・ヒューズは、「サダム・フセイン」によって「3万人のクルド人」がガスで殺されたと嘘を繰り返し、それを誇張して主張したのである。その翌日、ヒューズは「言い間違いだった」として発言を撤回せざるを得なくなった。この事件の調査によって、ブッシュ大統領、ブレア首相、コリン・パウエル国務長官、ドナルド・ラムズフェルド国防長官が何度も繰り返した嘘をヒューズさんが本当に信じていたことが明らかになった。このことは、プロパガンダの力について多くを語っているはずだ。

このウォーカレッジの報告は、後に米軍と米国の第2の情報源によって確認された。世界は知っているのか？それはどうでしょう。真実は忘れ去られ、嘘は続く。だから、コリン・パウエルのイラクに対するプロパガンダは、カイザー・ウィルヘルム2世に対するプロパガンダの道をたどることになる。100年以上にわたって何度も繰り返され、最初のプロパガンダの爆発が新聞に載った瞬間に真実は死んでしまったのだ。そこに、プロパガンダの価値がある。Tavistockの社会科学者たちはこのことを知っていて、今日、彼らはどんな聴衆でも、その背後にある問題を理解することなく、彼らの知覚に最も適した嘘を受け入れるようにプロファイルすることができるのです。

こうして、「道徳的に正しい」立場とアフガニスタン攻撃への強い支持を作り上げた。アメリカ国民の中には、自分たちの政府がアフガニスタンで行っていることが、アメリカの憲法に合致しているのかどうか、疑問を呈する人はほとんどいなかった。ブッシュ政権の対アフガニスタン政策を国民が受け入れるか否かを確認する国民投票や委任状はなかったのである。

プロパガンダや洗脳に令状は必要ない。ツインタワーに使われた飛行機のハイジャック犯とされる人物の中にアフガニスタン出身者がいなかったという事実は、アメリカ国民には全く伝わっていない。74%のアメリカ国民はいまだに『アルカイダ』がやったと信じており、彼らはアフガニスタンに住んでいると信じているのだ！」。同じ割合のアメリカ人が、タリバンとフセイン大統領が一緒になってこの悲劇を引き起こしたと信じて洗脳されているのですアメリカ国民は、サダム・フセインがタリバンの指導者と何の関係もないだろうということを知らないのです。

なぜ、アメリカ国民はこのような扱いを許しているのでしょうか？なぜ彼らは、政治家が嘘をつき、ごまかし、共謀し、ごまかし、言い逃れ、難読化し、絶えず自分たちを欺くことを許すのだろうか。私たちがよくマークすべきは、ウッドロウ・ウィルソンがアメリカ国民を、羊のように扱ったことです。

ホワイトハウスの芝生に羊の群れを放牧している理由を

尋ねると、ウィルソンは「アメリカ国民を連想させるから」と答えた。ウィルソンは、アメリカを第一次世界大戦に突入させるという熱い野望を持っており、反対派（国民の大部分）に対してウェリントン・ハウスの嘘（プロパガンダ）を使って、彼らの意見を変えるように説得したのである。

ルーズベルトはこの策略を繰り返し、嘘とプロパガンダ（ほとんど同じもの）を通じて米国を第二次世界大戦に参戦させ、真珠湾攻撃の「成功」で頂点に達したのである。クリントン大統領が使ったのと同じ台詞を見た。セルビアとの不当な戦争の前も後も、クリントンの説得はすべて嘘と偽情報で成り立っている。

ラムズフェルドの発言が常に疑惑の目で見られるのは当然である。プロパガンダが果たした役割について問われたラムズフェルドは、"政府高官、国防総省、この国防長官、そして私と一緒に働いている人たちはアメリカ国民に真実を伝えている"と淡々と答えている。

第17章

プロパガンダと心理戦

米国政府の文書のリストは、自由に利用できるものとそうでないものがあり、様々なレベルで運用される幅広いプロパガンダ手法の行使を通じて、（米国を含む）世界の国々がいかにコントロールされるようになったかを鮮明に明らかにしている。

資料が膨大なため、せいぜい見出しを挙げ、内容を言い換える程度です。私たちが集めた情報が、アメリカ国民を無関心から目覚めさせ、「一つの世界政府」の中で社会主義新世界秩序の奴隷になることがいかに近いかを認識させることを願っています。

公式定義：ワシントンの権力組織が使用する用語と定義を集めた便利な資料。ここに掲載されているプログラムは、例外なくすべてタヴィストックによって生まれ、デザインされたものです。

社会科学と政策介入：プロジェクトベースの「開発援助」に過ぎないものが、実は南部の文化や社会関係を操作する危険なものである可能性がある。

援助」提供者が享受する大きな金銭的優位性のために、彼らはしばしば対象グループの徹底的な心理社会的調査を行い、ほとんどの人が最悪の悪夢でさえ思いつかないような方法で彼らを利用することができるのです。

これは、ジョン・ローリングス・リースのタヴィストックでの教えが、アメリカ生活のあらゆる側面に受け継がれている典型的な例である。

Shock and Awe: Achieving Rapid Dominance - 2003年3月、4月のアメリカの中東介入、対イラク戦争の理論となった1996年の国防大学のテキストです。本文によると、「Shock and Awe」は、1945年の広島・長崎への原爆投下に「非核で相当するもの」を意図しているとのこと。

この恐ろしい悲劇の学習ガイドによると、現在では決定的に記録されている。

> "この兵器の衝撃は、日本の一般市民の意識も、指導者のビジョンも、衝撃と恐怖の状態に変えるのに十分であった。日本人は、一機の航空機の破壊力を理解できなかったのだ。この理解不足が、永続的な恐怖状態を生んだのです。"

心理的な目的での大規模な火力の使用に加え、宣伝活動についても深く考察されています。

> この支配を達成するための主要なメカニズムは、敵対者に「衝撃と畏怖」の条件を十分に与えて、我々の戦略目標と軍事目標を受け入れるように説得または強要することである」と著者は述べている。"明らかに、これには欺瞞、混乱、誤報、偽情報を、おそらく大量に使用する必要がある。"

戦闘における心理戦：ワシントンの国防大学が1996年に発表した悪名高い「衝撃と畏怖」のドクトリン全文です。そのコンセプトは、敵の意志とターゲットとなる人々の認識や理解を完全にコントロールし、文字通り敵の行動や反応を無力化することである。

なお、これらの言葉や記述はすべて、ローリングスが理論家として活躍していた英国陸軍心理戦局のジョン・ローリングス・リースの講座に参加する学生を指導するための教科書に記載されているものである。

Shock & Awe」ドクトリンとは、適切な場合には消耗によって軍事能力を体系的に破壊し、圧倒的な力を使って相手を麻痺させ、ショックを与え、最終的には道徳的に破壊する戦略であると説明されています。

国際人口開発会議（ICPD）：この会議で発表された行動計画では、マスメディア、非政府組織、商業娯楽、学術機関などを利用して、発展途上国の人々に出生志向を変えるよう「説得」する大規模な宣伝活動を行うことが呼びかけられました。

途上国代表に配慮して追加された原文の修正では、「意識向上や特定のライフスタイルの促進を目的とする」寄付者のコミュニケーション活動は、その目的を一般市民が認識できるようにラベル付けし、「スポンサーの身元を適切に表示すべきである」と促しています。

この勧告は、援助提供者に強制的な制限を課していないにもかかわらず、この文書の「コミュニケーション」のセクションは、新世界秩序のアジェンダの非常に危険で政治的に爆発的な部分であることに変わりはない。

Population Communication Project：米国国際開発庁（USAID）は、軍の心理戦エージェントから借用した戦術を用いた「マスメディア」影響力キャンペーンに数千万ドルを注ぎ込んでいる。USAIDは、タヴィストックと契約してプログラムを書いている何百もの米国政府機関のうちの1つに過ぎません。

実は、この事件でUSAIDの代理人として働いていた業者は、米軍と心理作戦の教本作成の契約も結んでいた。

エンターテイメントをプロパガンダとして利用すること：若い観客は、外国の思想の正当性に疑問を投げかけるような他のコミュニケーションよりも、「エンターテイメント」という文脈で提示されるメッセージに弱い可能性が高いです。

このように、エンターテイメント・プロパガンダの手法は、USAIDの国際的な人口コントロールの取り組みの中で大きな位置を占めるようになった。ここでも、Enter-Educateのオペレーターが教えるプログラムのために、何百万ドルものお金がTavistockに支払われた。

プロパガンダが裏目に出るとき1994年のナイジェリア北部における家族計画の態度と行動に関する研究。発表されたレポートによると、ネガティブな反応を示したのは

> 「外国からの不正行為、家族計画一般、特に米国がスポンサーとなっている家族計画プログラムへの反対」です
> 。

ナイジェリアの二国間人口計画：（米国国務省文書）。アメリカ政府のナイジェリアにおける人口抑制戦略の主要計画文書。

また、ラテンアメリカの政治運動、反戦活動、運動、草の根の政治組織を弱体化させるために、アメリカ政府のプログラムで採用された心理戦のプロパガンダの重要な要素として使われている。このプログラムの執筆を請け負ったのがタヴィストック社である。

ポストモダン戦争：政治的・心理的戦争、秘密活動、大量虐殺に関する資料メニュー。

都市の脱集中とその他の戦術：この文書の内容はあまりに極悪非道なので、少なくとも当分の間は公表することを提案しない。

社会的影響力：プロパガンダと説得： -
役に立つ背景情報をいくつか紹介します。

ゲリラ戦における心理作戦：中央アメリカにおけるパラミリタリー部隊のためのCIA戦術マニュアル』（タビストック社作成）。CIAはタヴィストックと契約しており、密

接に連携している。

宣伝分析研究所：秘密裏に行われる影響力行使に関する基本的な事実が記載された資料集。繰り返すが、研究所はタヴィストック社のデータと洗脳法を大衆に使用するためのクリアリングハウスに過ぎないのだ。

U.S. Intelligence Bureaus: 情報収集や分析に携わる米国政府機関の公式な説明と機能。

政府の秘密の指示政府を民間主体に開放することを提唱する文書集。

Press Collective：国際機関や、その政策をコントロールする富国強兵のフロントとしての役割について、信頼できる研究資料を提供するサイトです。タヴィストックの社会科学者は、これらの機関の指導者の多くを教えてきました。

プロパガンダ、特定の態度や行動を誘発または強化する目的でアイデアや情報を広めること。プロパガンダはしばしば事実の歪曲や感情や偏見へのアピールを伴うため、必ず嘘や誤解を招くと考えられがちである。タヴィストックのマニュアルにあるように、重要な違いは、宣伝者が、自分が主張する態度や行動を採用するように聴衆を説得しようとする意図にあるのだ。ウィルソンとルーズベルトは、この真理の例である。彼らは、1814年にブカニンが定義した、欺瞞による外交術を訓練されている。

第18章

ウィルソン、プロパガンダでアメリカを第一次世界大戦に引き込む

特にアメリカやイギリスの政府でおなじみとなった近代的な大衆宣伝の手法は、第一次世界大戦（1914-1918）から始まっている。戦争が始まったときから、ドイツとイギリスの宣伝担当者は、アメリカの同情と支持を勝ち取るために懸命に努力した。ドイツの宣伝家は、アメリカに住む多くのドイツ系アメリカ人や、伝統的にイギリスと敵対してきたアイルランド系アメリカ人に訴えた。プロパガンダは、今日の基準からするとかなり粗雑なものだが、その精巧さのなさは、ウェリントン・ハウスの膨大な出力によって相殺されている。

しかし、やがてドイツはアメリカとの直接アクセスを事実上断たれることになった。その後、イギリスの宣伝はアメリカではほとんど競争相手にならず、ウェリントン・ハウスやバーネイズ、リップマンに相当する人物を持たないドイツ人の宣伝よりも巧みに行われるようになった。

戦争にコミットしたウッドロウ・ウィルソンは、アメリカの世論を動かすために、公式のプロパガンダ機関である公共情報委員会を組織した。この委員会は、特にリバティボンドの販売で大成功を収めた。それもそのはず。そのプログラムは、タヴィストックがホワイトハウスのために書き下ろしたもので、ほとんどがロンドンからの

指示であった。

連合国は、ウッドロウ・ウィルソン大統領の「14項目」を利用し、勝者にも敗者にも公正な平和を約束するように見えたが、中央主権国の戦争継続への反対をより鮮明にすることになった。

本書では、ブライス委員会の嘘と歪曲について詳述しているが、この委員会は、真実の仮面をかぶったあからさまな嘘の最も不穏な例の一つである。当時、世界有数のプロパガンダセンターであったウェリントン・ハウスでアメリカ人が果たした役割についても、紙面の後半で説明されている。

第二次世界大戦のプロパガンダは、第一次世界大戦のそれと似ているが、同じイギリスが起こし、国際銀行が資金を提供した第二次世界大戦は、より大規模であった。ラジオが大きな役割を果たし、「ニュース番組」は常に事実とフィクションを織り交ぜて放送していた。海外での宣伝活動は、さらに激しさを増した。タヴィストック研究所は、1914年から1919年にかけて学んだ貴重な教訓をすべて生かすことができ、その経験を新旧両方の国で多くの新しい方法で活用したのである。

ドイツとイギリスは、再びアメリカの世論に影響を与えようとした。ドイツの宣伝担当者は、反英感情を利用して、戦争を共産主義との戦いとし、ドイツを反共産主義の新しい潮流の無敵のチャンピオンとして描いたのである。ドイツの工作員たちは、アメリカでも「孤立主義」（ドイツとの戦争に反対するすべてのアメリカ人につけられるレッテル）を支持する運動を支援した。

ドイツの宣伝活動は、ウェリントン・ハウスやタヴィストックの専門知識やイギリスの資源（ルーズベルト政権から密かに巨額の資金援助を受けていた）にはかなわず、またしても効果がないことが証明されたのである。

慎重に計画された真珠湾攻撃は、実際の攻撃の数カ月前にルーズベルト、スティムソン、ノックスの3人の知るところとなった。

日本軍が真珠湾を攻撃するや否や、アメリカ国民はプロパガンダと真っ赤な嘘によって、ドイツが侵略者であると説得されたからである。

ルーズベルトは信用できない、第一次世界大戦と同様、アメリカはドイツの戦争に干渉する筋合いはない、という有名な飛行家リンドバーグや多くの反戦議員の悲惨な警告は、プロパガンダによって押しとどめられました。さらに、真珠湾の「人為的状況」は、ルーズベルトが知っていたように、世論を変えた。タヴィストックから発信された連合国の宣伝活動は、枢軸国の国民を、戦争の全責任を負うとされた政府から引き離すことを目的としたものだった。ラジオ放送や無数の航空ビラが連合軍のプロパガンダを敵に届けた。

第二次世界大戦中のアメリカの公式宣伝機関は、タヴィストックの「情報」を国内外に発信する役割を担った戦争情報局（OWI）と、CIAの前身でタヴィストックが作った、敵に対して心理戦を仕掛ける役割を担った戦略サービス局（OSS）であった。

ヨーロッパ作戦地域の最高司令部では、OWIとOSSは、タヴィストック研究所の社会科学者を中心とする心理戦部門によって、軍事活動との調整が行われた。

第二次世界大戦後の米ソの鋭い利害対立である冷戦時代においても、プロパガンダは国策の重要な手段であり続けた。

民主主義国家も共産主義国家も、持続的なキャンペーンによって、多くの無関心な人々を自分たちの大義に引き込み、武力紛争に訴えることなく目的を達成しようとしたのである。国民生活と政治のあらゆる側面が、プロパガンダのために利用されたのである。

冷戦時代には、脱北者、裁判、自白をプロパガンダに利用することもあった。この情報戦では、当初、共産主義国が明らかに優位に立つと思われた。自国の政府がすべてのメディアを支配していたため、国民を欧米のプロパガンダからほぼ隔離することができた。

同時に、高度に中央集権化された政府は、入念な宣伝キャンペーンを計画し、その計画を実行するために資源を動員することができた。また、他の国の共産党やシンパの力も借りることができた。一方、民主国家は、国民が共産主義者のプロパガンダにさらされるのを防ぐことも、それに対抗するためにすべての資源を動員することもできなかった。この共産主義政府の明らかな優位性は、1980年代の通信技術の進歩によって損なわれた。情報の発信をコントロールできないことが、10年後の東欧の多くの共産主義政権の崩壊の大きな要因であった。海外での宣伝・文化活動を目的として1953年に設立された米国情報局（USIA）は、米国に関するニュースや情報を40以上の言語で世界のあらゆる地域に放送するラジオネットワーク「ボイス・オブ・アメリカ」を運営していた。

第19章

歴史は繰り返されるのか？ブライス卿の場合

歴史家がイラク戦争の擁護や非難に大きく関わっている一方で、自分を売り込み、下劣で悔いのない嘘つきとして歴史に名を残した高名な歴史家、ジェームズ・ブライス子爵について考えるべき時が来たのかもしれない。ブライスは、ウェリントン・ハウスに関わるまでは、誠実な歴史家として大きな尊敬を集めていた。

第一次世界大戦が始まると、ドイツ軍の残虐行為が英米の新聞を賑わせた。その大半は、ウェリントン・ハウスで作成され、メディアによって流布されたものである。ほとんどの場合、ドイツ軍がベルギーを通過してフランスの防衛線を迂回し、パリに向かう行進に同行した「目撃者」、「記者やカメラマン」の証言によるものとされている。

ドイツ軍の歩兵が、戦時中の歌を歌いながら歩いているベルギー人の赤ん坊を銃剣で刺したという目撃談がある。ベルギーの少年少女が両手を切断された（銃器の使用を防ぐためと言われている）話は枚挙にいとまがない。乳房を切断された女性の話は、さらに加速した。

レイプの話は残虐行為チャートのトップです。ある目撃者は、ドイツ軍が捕虜となったベルギーの町で20人の若い女性を家から連れ出し、村の広場のテーブルの上に寝かせて、少なくとも12人の「フン族」にそれぞれレイプさせ、それを他の師団が見て喝采していたと言っている。英国の費用で、ベルギー人のグループが米国を回り、これらの話をした。

ウッドロウ・ウィルソン大統領は、ホワイトハウスで彼らを厳粛に迎えた。彼らの話は、アメリカを震撼させた。誰も、彼らが目撃したレイプの話を確かめようとは思わなかった。彼らの残虐な証言は、決して疑問視されることはなかった。

ドイツ側は、この話を怒って否定した。ドイツ軍のアメリカ人記者もそうだった。1914年当時、ウィルソンは、2002年のイラク侵攻の際のジョージ・ブッシュとは異なり、まだ戦場の記者を「管理」していなかった。イギリス軍には「エンベデッド」な記者はいなかった。タヴィストックは、選ばれたジャーナリストを部隊に「埋め込む」ことによって、真実を検閲する方法をまだ学んでいなかったのだ。

英国で「残虐行為」を疑問視する英国人ジャーナリストの派遣記事が出始めると、ノースクリフはドイツの残虐行為の話を調査して報告する調査委員会の長にブライス卿を任命することを思いついた。実は、この提案はエドワード・バーネイズが行い、ウォルター・リップマンが承認したものである。

そして1915年初め、英国政府はブライス子爵に残虐行為の報告を調査する王立委員会の長を依頼し、公式なものとしたのである。ブライスは、イギリス統治下のアイルランド人の過酷な運命を同情的に描き、アメリカ政府やアイルランド史に関する著作で高い評価を得ていた、当時最も有名な歴史家の一人であった。1907年、彼はイギリス系アイルランド人の外交官ロジャー・ケースメントと協力して、イギリスのゴム会社によるアマゾンのインディアンの人々の恐ろしい搾取の実態を暴露した。

1907年から1913年までワシントンのイギリス大使を務め、人気者、憧れの存在となった。

これほど誠実で高潔な学者を探すのは困難であったろう。ブライスと6人の委員は、著名な弁護士、歴史家、法学者で構成され、あらゆる残虐なドイツの行為を見たという1200の「目撃者」証言を「分析」した。

ほとんどすべての証拠は、イギリスにいるベルギー人難民から得たもので、フランスで集められたベルギー人およびイギリス人兵士の供述もある。しかし、委員たちは、これらの直接の証人にインタビューすることはなかった。その仕事は、「法的な知識と経験を持つ紳士たち」、つまり弁護士に任された。まだ戦時中であったため、現存する報告書に対する実地調査は行われなかった。

ベルギー人の場合は、親族に対するドイツの報復を恐れて、一人の証人も名前を明かさなかったと、委員たちは述べている。しかし、目撃したイギリス兵の名前も同様に匿名にされたままだった。しかし、ブライスはその序文で、自分と仲間の委員が「厳しく」証拠を検証したと主張している。軍人の証人が、厳しいどころか、まったく「テスト」されないとは誰も思っていなかったのだ。このような重大な誤りに理由はなく、タヴィストック社はその後、嘘ではなく「虚偽の陳述」と呼んでいる。

ブライス・レポート」は、1915年5月13日に発表された。バッキンガム宮殿の近くにあるウェリントン・ハウスの英国宣伝本部は、この記事がアメリカのほぼすべての新聞社に送られるようにした。*ニューヨーク・タイムズ紙*の見出しや小見出しにあるように、そのインパクトは驚異的であった。

> *ブライス委員会によりドイツの残虐行為が証明される*
>
> *個人の犯罪だけでなく、ベルギーでは計画的な虐殺も行われた*

> *老少男女問わず*
>
> *女性が襲われ、子供が残酷に殺され、組織的な焼き討ちと略奪が行われました。*
>
> *役員決裁*
>
> *赤十字と白旗で不当な銃撃：捕虜と負傷者が撃たれる*
>
> *盾にされた民間人*

1915年5月27日、アメリカのウェリントン・ハウス諜報員は、大規模な宣伝活動の結果をロンドンに報告した。

> 「連合国に敵対する新聞でさえ、主張された事実の正確さに疑問を投げかけることは微塵もない。ブライス卿のアメリカでの名声が、懐疑的な考えを問題にしている」
> 。

ウェリントン・ハウスの責任者であるチャールズ・マスターマンは、ブライスにこう言った。

> "あなたのレポートがアメリカを席巻しました"

ブライス・レポートを批判した数少ない人物の中に、ロジャー・ケースメント卿がいる。パルチザンであるブライス卿を非難するには、歴史家であるジェームズ・ブライスに注目すればよい」と、ケースメントは激烈なエッセイ『*嘘の果てにあるはげしい力*』で書いています。

この頃、ケースメントはアイルランド独立の強力な支持者となっていたため、彼の反対意見に注目する人は少なく、偏見に満ちたものとして片付けられていた。

アメリカの有名な弁護士、クラレンス・ダローは、明らかに有罪である依頼人を無罪にすることを得意とした象徴的な弁護士であるが、彼もまた懐疑的であった。1915年末にフランスとベルギーを訪れ、ブライスの話を一つでも確証できる目撃者を探したが、見つからなかった。ドイツ兵に両手を切断されたベルギーやフランスの少年、あるいはドイツ軍に銃剣で刺された男女の一人っ子を引き当てた者には、1000ドル（1915年当時としては非常に高額、現在では17000ドル以上）を支払うと発表した。

しかし、ダローは私財を投じて大々的に宣伝したにもかかわらず、一人の被害者も現れず、報酬を受け取ろうとする者は一人もいなかった。

戦後、ブライスに関する資料を調べようとした歴史家たちは、その資料が不思議なことに消えていることを知った。政府関係者も部署も、「行方不明」の文書の捜索を申し出なかった。

このように、「厳しくテストされた」文書を新たに完全に公平なテストにかけることをあからさまに拒否したため、ほとんどの歴史家はブライスの残虐行為の99%を捏造と断じた。ある歴史家は、この報告書は「それ自体、戦争中の最悪の残虐行為の一つである」と言った。最近の研究では、1914年夏、女性や子供を含む数千人のベルギー市民がドイツ軍に射殺されたらしいこと、ブライスはディナンの町での処刑など最悪の事態を多少なりとも正確に要約していることが明らかになり、ブライス報告書の捏造の割合が下方修正された。

しかし、当時の専門家たちでさえ、ブライスの報告がレイプ、切断、ピアスされた赤ん坊によって「深刻な汚染」を受けていたことを認めている。彼らはこの重大な誤りを、戦争のヒステリーと怒りに起因すると考えている。

これはブライスの合格点に相当する。ダローの報告書に対する評論家たちの訂正は1パーセントにも満たず、ブライスをクリアーすることはできなかった。当時指摘されたように、ブライス委員会の報告書の99%は嘘であった。ブライス委員会のメンバー間の通信は、文書の「消失」を免れ、切断とレイプの記述に重大な疑念があることが明らかになった。こうした深刻な疑問は、ウェリントン・ハウスの残虐性報告のように、英米で広まることはなかった。委員会の秘書の一人は、ドイツ軍の強姦によって妊娠したとされるベルギー人女性の英語の住所をたくさん受け取ったが、徹底的な調査にもかかわらず、リストに載っている女性を見つけることができなかったと認めた。

注目された国会議員が2人の妊婦をかくまったという話も、不正であることが判明した。ブライスは、この否定的な証拠を無視したようだ。まれに、数人のジャーナリストが自分の仕事をし、恥ずかしい質問をしたときに、ブッシュとブレアが繰り返し行ったように。

ブライス卿は、槍で刺された赤ん坊、レイプ、殺された女性の切り落とされた胸などの話が、野原や広場での集団レイプと同様に、何百年も前からある古典的な「敵嫌い」の寓話であることを知っていたはずで、ほぼ確実に知っていたはずであった。

ナポレオンのヨーロッパでの作戦をざっと調べただけでも、このような「残虐行為」は何百とあるが、そのうちのごく一部が真実であると証明されている。

ブライスは、博学で、誠実なことで広く信頼されている歴史家であり、このような捏造を即座に否定するはずであった。彼は、「残虐な」話の大半がウェリントン・ハウス（タヴィストック研究所の前身）から発せられたものであることを確かに知っていた。ブライスは、その出所を調べてプロパガンダとして片付けるのではなく、事実として記述された「報告書」の中にひとまとめにして、ドイツ軍とドイツ国民を全面的に非難する言葉を発したのです。これは、G.W.ブッシュと、いくつかのイスラム国家の国民全体が "悪の枢軸"に属しているという彼の一般的な分類を彷彿とさせる。

ブライスはなぜこれらの捏造を否定し、ドイツ軍の民間人処刑に集中したのだろうか。そして、もしそうしていたら、英国政府がプロパガンダを多用しているという、非常にデリケートな問題に発展していただろう。

1914/15年のベルギー軍には、シャツや帽子にバッジを付けるだけで軍服を着用しない「ホームガード」と呼ばれる兵士が多くいました。東部でかろうじて維持していた戦線にロシア軍が侵攻してくる前に、西部での戦争に勝とうと必死だったドイツ軍は、一見民間人のようなこの戦闘員に憤慨し、容赦はしなかった。

当時適用されていたジュネーブ条約の戦争規則上、ドイツ軍が民間人に応戦する権利、あるいは発砲する権利を持っていたことは、報道では一切触れられなかった。

1915年当時、1945年までの「パルチザン」は、簡単に餌食になったという事実がある。一般市民は、たとえ帽子にバッジを付けていても、軍服を着た兵士を撃つことはできないし、保護される権利もなかった。そうです、ジュネーブ条約の戦争規則にはそう書かれていますし、ブライス卿と彼の委員はそれを知っているのです。また、この重要な事実が、英米の人々の心を見事にとらえたプロパガンダのように、英米全土で大々的に宣伝されることもなかった。

ドイツ軍の野戦司令官の中には、明らかに正気を失い、ディナンのような町全体に対して過剰な報復を行った者もいた。

しかし、このような人たちでも、何らかの防御策は組めるはずだ。ジュネーブ条約が何を認めているかという議論は、新聞読者ならあくびが出るほどである。彼らはブライスが与えてくれるものを求めていた。それは、ドイツの「獣」（「ボシュ」）が女性や幼い子供、「非武装の市民」に対して行った血と欲望、レイプ、恐怖であった。彼らは、ドイツの「フン」が野蛮な獣であることを証明したかったのだ。そして、もし国民が騙されなかったら、ウェリントン・ハウス、そしてイギリス政府の戦争遂行は非常に困難なものになっていただろう。

ブライス・レポートがイギリスの戦争勝利に貢献したことは間違いない。ドイツ軍は人間の形をした恐ろしい獣である」と、アメリカの世論に影響を与え、何百万人ものアメリカ人や中立の人々に納得させたことは間違いないだろう（27カ国語に翻訳された）。ロジャー・ケースメント卿やクラレンス・ダローのような一部の「偏った」部外者を除いて、誰もブライス卿が世界中に流した悪質な嘘を非難することはなかった。ブライスがこのように自分を妥協したことを、公平な立場の人間が許すはずはない。

この間、ウェリントン・ハウスは、その重要な役割はおろか、その存在すらほとんど知られていなかったが、重要な仕事をし、洗脳のテクニックを完成させていた。ブライスはといえば、王室と学問の栄誉に包まれ、第一級の嘘つきで、何百万人もの血を手にした自己不潔の男、優秀な悪党、真実を知るべき大衆から真実を盗み、発見と暴露から逃れ、誰もがイスカリオテのユダに与えた非難を一身に受けたまま墓場に送られました。

100年後の今、私たちはもっと厳しい目で彼を見るべきでしょう。ブライス報告は、1918年の休戦後7ヶ月間ドイツを封鎖し、60万人のドイツ人の老人と若者を餓死させるというイギリスの決定と明らかに関係があった。

ウェリントン・ハウスが行ったドイツ軍に関する宣伝の嘘は、第一次世界大戦の最大の残虐行為であり、すべてのドイツ人に復讐心を抱かせた。ブライスは、ドイツに対する盲目的な憎しみを作り出すことで、第二次世界大戦の竜の歯を蒔いたのである。

第20章

成功する嘘の技術
1991年湾岸戦争

その意味で、1991年頃の湾岸戦争で見たものは、ブライス卿の暗黒の嘘術の原点と、彼がいかに先天的で意識的な嘘つきになっているかを力強く思い起こさせるに十分な冷たさであった。また、ウェリントン・ハウス、そしてタヴィストックが、戦争の道具としての洗脳を決定的に封印したことを思い起こさせるものであった。これが、私がこの本を書き、タヴィストックとその邪悪で徹底した悪意のある影響力を暴露することになった決定的な要因の一つであった。

湾岸戦争では、米国防総省はすべてのメディアを締め出し、独自の報道官を任命し、テレビ放送を通じて著しく誤解を招くような報道を行った。私はこの男を「ペンタゴン・ピート」と名付けた。彼は、初めて使うタヴィストックの新語「コラテラル・ダメージ」について淡々と話した。人的損失、人的死傷、財産の破壊など、その意味を国民が理解するのに長い時間がかかりました。

それから休憩に入り、CNNが「パトリオット」ミサイル防衛がイラクのSCUDを撃墜するのに成功したと報道するのを許したが、これも基本的なプロパガンダであることが判明した。CNNによると、イスラエルを攻撃するSCUDは毎晩少なくとも1基が撃墜されたという。戦争中、『*ワールド・イン・レビュー*』だけが、SCUDミサイルを1

発も撃墜していないと報じている。合計15発のSCUDがテルアビブなどイスラエル各地を襲ったことを、誰もあえて報じなかった。偽情報と誤報が蔓延した。WIR』だけが真実を伝えたが、読者数が少ないので、プロパガンダには関係ない。

そして、ワシントンの大手PR会社であるヒルトンとノールズがアメリカ国民に行った巨大な詐欺事件がある。

イラク兵がクウェートの新生児を保育器から引きちぎって床に投げ捨てたというエピソードが大嘘であったことを明らかにしたのは、ここでも『WIR』だけである。ベントンやボウルズと同様に、ヒルトンとノウルズもタヴィストック研究所と長い間つながっていたことは興味深い。両社とも、「広告」のリーディングカンパニーである。

ヒルトンとノウルズの虚言は、「目撃者」（たまたまワシントンのアル・サバ家のクウェート大使の十代の娘だった）によって涙ながらに語られ、上院が合衆国憲法に違反してブッシュ・シニアにイラク攻撃の「許可を与える」ことに影響を与えたものである（合衆国憲法にそんな規定は存在しないにもかかわらず）。ブッシュ・シニアは、「私は知らなかった、ヒルトンとノールズを雇っていなかった」と言うかもしれないが、彼は明らかにアメリカ国民に対して行われた重要なプロパガンダのクーデターについてすべて知っていたのである。彼が、以前会ったことのあるクウェート大使の16歳の娘に気づかなかったとは、誰も信じないだろう。

クウェート大使はヒルトンとノールズに60万ドルを支払い、上院の前でこの手の詐欺を演じた。このため、彼は上院委員会に嘘をついたとして逮捕されるはずだった。イラク兵が保育器から新生児を引き剥がし、床に放り投げるのを見た」と涙ながらに語り、その少女も罰せられないでいることが、何とも歯がゆかった。

実は、成田アルサバは何年もクウェートに足を踏み入れておらず、戦時中もそうだった。彼女は父親と一緒にワシントンの大使公邸にいた。しかし、この子供とその父親は起訴されなかった。これは、タヴィストックのプロパガンダ専門家が言うところの「出来事の成功裏の再現」である。成田アルサバの証言は、アメリカで大規模なメディアキャンペーンの中心となり、上院だけでなく、アメリカ国民を対イラク戦争側に立たせたことで知られている。

ブッシュ・シニアは、「中東をより安全にするために」イラクから「サダム」を排除しなければならないと、古いプロパガンダに耽溺したのである。(ウィルソンが「世界を民主主義のために安全にする」ために、フランスで米軍を戦死させたことを思い出してください）。ブッシュ・シニアは、石油カルテルの友人たちの利益のために、突然、イラクの大統領を悪者扱いし始め、1913年のカイザーと同じように、それが功を奏した。

ウィルソンの策略を覚えている人はほとんどいない。あるいは、ブッシュ大統領の発言とブライスがウィルソンに話したこと、そしてウィルソンが第一次世界大戦を支援するためにアメリカ国民に話したことが、驚くほど似ていることに気づいているかもしれない。フセインはすっかり忘れ去られ、彼が引き起こしたかもしれない脅威もすべて嘘の塊として片付けられてしまった今、我々が心配しなければならないのは、突然「アルカイダ」なのだ。

ウッドロウ・ウィルソンは、消極的なアメリカ国民に、戦争は「民主主義のために世界を安全にする」ものであると語ったとき、明白なプロパガンダを使ったのである。ブッシュも同じように真っ赤なウソをついていた。民主主義のための安全な世界」を実現するための代償は、呆れるほど大きかった。ウィリアム・ランガー教授によると、第一次世界大戦の死者は男女合わせて1千万人、負傷者は2千万人にのぼるという。ロシアだけで900万人、つまり全軍の75%が失われた。ドル建ての戦争の総費用は1億8000万ドルと推定され、これに1億5161万2500ドルの間接費を加えなければならない。

第21章

第一次世界大戦中の兵士の慰霊碑と墓地

ブッシュのイラク戦争の費用は2005年半ばで約4200億ドルで、ブッシュ一族は悪名高い事業のためにもっと金を欲しがっている。そして、アメリカ国民とその情けない、無力だが役に立たない立法府の代表を知っているから、ブッシュは彼の望むものを手に入れるだろう。

第一次世界大戦の戦費は、違反者であるウィルソンがアメリカに与えた痛みや苦しみを語るには不十分である。この悪夢のような戦争で失われた命について、個人的かつ痛烈なタッチを与えてくれる最近の記事をここに挿入することにする。

> 「数週間前、私は家族と一緒にセントルイスのダウンタウン中心部にある兵士の記念博物館を訪れました。1936年にルーズベルト大統領によって、第一次世界大戦で亡くなったセントルイス出身の1075人を追悼するために献堂された、巨大で重厚な建物である。記念館は、モザイクや大理石、テラゾの床、ベッドフォードの石彫など、痛々しいほど美しい。中央の黒い御影石の慰霊碑には、何百人もの死者の名前が整然と並べられています」。

> 「私たちがこの驚くべき、しかし呪われた場所を訪れた日、そこは完全に空っぽのように思えました。86年前、遠い国の輝かしい戦争に参加するためにセントルイスを発った少年たちの魂と声と顔が、きれいにプレスされたユニフォームに包まれていた。

このイベントの切なさは、現在の紛争、つまり血生臭い野蛮なイラク戦争の余波を日々受けながら生きている私たちにとって、より強く感じられるものでした。私たちは毎日、二度と故郷に帰れない少年たちのことを読んでいます。

「生まれたばかりの娘を抱いて、記念館や博物館を歩き回ったとき、最も印象的だったのは、自分の国、スコットランドで訪れた多くの記念館と同じように見えたことです。それはまた、私がフランス、イギリス、カナダ、ニュージーランドで訪れた記念碑と同じであり、第一次世界大戦の殺戮の影響を受けたほとんどすべての他の国の記念碑と同じであった。"

"すべての戦争を終わらせる戦争
"と呼ばれた第一次世界大戦の大虐殺の影響を受けたほとんどすべての国で、男たちは軍隊に殺到し、熱狂的に戦場に赴くことになった。彼らは、この戦争は短く、鋭く、成功し、正当な理由のために戦われ、勝者には栄光がもたらされると信じていた。彼らは、より良い世界を築き上げると信じていたのです。

"彼らは間違っていた"。第一次世界大戦では、4年半の間、毎日平均5,500人が死亡した。これは、1分間に約4人、4年半の間、1千万人が死亡したことになる。第一次世界大戦は、人命を奪っただけでなく、19世紀の特徴であった進歩、繁栄、文明人の理性に対する信頼を破壊したのである。戦争は、ヨーロッパにリーダーシップを発揮できるはずの次世代の多くを破壊してしまった......」。

「そして今朝、娘を抱きながら、イラクで激化する暴力、英国人、イラク人、米国人が今もなお死に続けているという日々の報道を読んでいると、セントルイスのソルジャー（戦ってはならない戦争の記念碑）が頭をよぎり、彼らの亡霊がメモリアルに取り憑いているのです。最悪の災害だった。やってはいけない戦争だった。"私を悩ませる。

「米国政権の新保守主義の頭脳は、すでに信じられないほど多くの人を殺し、直接的にも間接的にもさらに多く

> の人を殺すことが確実な中東戦争に乗り出す前に、このような場所を訪れ、このような記念碑の教訓についてじっくりと考えることをお勧めする。
>
> (インディアナ州エバンズビル大学歴史学部准教授James Lachlan MacLeod先生執筆）。

私の体験は、マクラウド教授と同じようなものです。私は、ベルダンやパッシェンデールの戦場を訪れましたが、そこでは、彼が雄弁に語るような多くの殺戮が行われました。1,000万人もの兵士が若くして亡くなり、彼らが経験した恐怖、恐怖、悲しみ、そして彼らが残した人々のやり場のない悲しみを想像してみました。フランスに数多くある軍事墓地の一つで、午後の薄明かりの中に立ち、軍事墓地を横切る何千何万という整然とした白い十字架を見ながら、私は怒りに支配された。死者が正義を求める叫び声や苦悶の叫びを聞いたほどです。人生の最盛期に無残にも殺された彼らの顔が雲に映っているように見えました。

1919年にこの戦場を訪れた英国人将校の体験と同じように、私も忘れられない神秘的な体験だった。

> 昨日は、近年の戦場を訪ねました。ほとんど見分けがつかない状態だった。砲弾が飛び交う荒野ではなく、野生の花と背の高い草が生い茂る庭園が広がっていたのだ。特に注目すべきは、数千匹の白い蝶がひらひらと舞っている姿だ。多くの兵士が倒れたこの場所に、死んだ兵士の魂が取り憑いているようだった。見ていて不気味だった。そして、その静寂!蝶の羽音が聞こえてきそうなほど静かだった（ロンドンの大英戦争博物館の記録より）。

私は強い憤りを感じ、大規模なプロパガンダで始まった恐ろしい戦争、現代世界の惨劇について、できる限り調べようと決心したのです。このことも、この本を書き、タヴィストックの悪事を暴く決定的な理由となった。ロジャー・ケースメント卿は、ブライス卿を反逆罪で絞首刑にすべきだと考え、ウィルソンも同様の運命をたどるべきだったと思う。そうすれば、ルーズベルトとチャーチルが世界を第二の殺戮に突入させるのを防ぐことができただろう。プロパガンダが蔓延し、西洋文明圏は失われた。

私たちが知っていた世界、西洋文明が築き上げた世界はもうないのです。シュペングラーの暗い予言が的中したのだ。私たちの西洋文明世界に代わって、新しい一国社会主義共産主義政府の恐ろしい建造物が、やがて先の長い夜の闇の中に迫ってくるのを見ることになるのだ。

第一次世界大戦は、イギリスとその同盟国であるアメリカが、ウェリントン・ハウスの力を借りて扇動したものであることは間違いない。このような闇の勢力の積極的な宣伝活動なしには、戦争は起こりえなかった。その主要な設計者であるグレイ卿の名は、不誠実な政治家、国民に対する裏切り者として歴史に刻まれることになるだろう。

イギリスがなぜ第一次世界大戦を引き起こしたかについては、コンセンサスが得られていない。しかし、1916年になると、ドイツ軍はフランス軍とイギリス軍を決定的な形で打ち破っていた。ウィルソンは、アメリカ軍をヨーロッパに派遣するよう大きな圧力にさらされていた。そこでウェリントン・ハウスは、アメリカ国民に対して全面的な宣伝戦を展開したが、ブライス・レポートが発表されるまでは効果がなかった。

1913年と1940年にイギリスとアメリカの人々に対して展開された恐ろしいプロパガンダを十分に理解しなければ、イラクで起こっていることを理解することは不可能である。これは、ウィルソンが「正義の戦争」、「すべての戦争を終わらせる戦争」、「世界を民主主義のために安全にするための戦争」といった嘘を吐いた、歴史上最も暗く、最も卑しい章の一つであった。戦争の目的は、貿易、特にドイツの工業に脅かされているイギリスとフランスを確保することであった。

しかし、それは本心を隠した言葉であり、この文脈では意味をなさない、まさに政治家に期待される言葉であった。看板の折り込みチラシにあるような、ナンセンスな内容。

ウィルソンの「民主主義のために世界を安全にする」という演説は、色とりどりのガスの泡に過ぎなかった。彼は、その時、帝国に民衆の民主主義が存在しないことを保証していたイギリスと一緒に戦争をすることを提案していたのだ。

イギリスは、南アフリカで3年間続いた残酷な戦争で、ボーア人を残酷に仕留めたばかりであった。もしウィルソンが世界を「民主主義にとって安全な国」にしたかったのなら、侵略者であり戦争の扇動者であるイギリスに対して、ドイツと戦争をするべきだったのだ。

この戦争は、「世界を民主主義のために安全にする」どころか、「第一次世界大戦」と呼ぶにふさわしい戦争で、腐敗した、不道徳な、嘘つきの男たちの魔の手に落ちた文明諸国を襲った最大の災難となったのである。もちろん、その規模と範囲においてのみ「偉大」であった。

100年前のウィルソンと英国のエスタブリッシュメントの罪を告白しない限り、米国が「一つの大国」になった理由を理解することはできないだろう。ジョージ・ワシントンの警告にもかかわらず、アメリカは絶えず他の主権国家の問題に巻き込まれ、その最初の例が第一次世界大戦への参戦と国際連盟の失敗であった。ウィルソンは、ウェリントン・ハウスのプロパガンダの名手をフルに活用し、このスローガンを強制的な武器として使い、消極的な上院に対し、国際連盟を批准しなければ「世界の心を壊すことになる」と述べた。

キャボット・ロッジ上院議員をはじめ、多くの米国上院議員が、米国憲法の下で真剣に検討し、熟考した結果、国際連盟条約が米国の主権を殺そうとしていることを知り、批准を拒否したことに感謝する。ウィルソンは、プロパガンダを駆使して、再選運動を「条約受諾のための偉大で厳粛な国民投票」と宣言して勝利を目指したが、ブライス卿の支持が得られず、敗北して一掃された。

しかし、残念なことに、国際連盟の設計が変更され、プロパガンダのスチームローラーが復活するのに時間はかからなかった。トルーマン（ミズーリ出身の単なる帽子売りではなく、マスター・メイソン）は、このユニークな世界的建造物を米国内に設立することを許可することによって、アメリカ国民を裏切り、トルーマンはウィルソンが残したプロパガンダを利用して、上院議員に自分の嘘に賛成するよう説得したのである。

トルーマンがしたことは、アメリカ国民に悪魔との協定を強要することだった。正義と真実に対する権力の悪魔、銃口による正義の悪魔である。第二次世界大戦では、この「正義」を適用して、人命の損失を顧みず民間人居住区を大量爆撃した。戦争が終わったにもかかわらず、ラムズフェルドが違憲のイラク戦争で取り上げた「衝撃と恐怖」の宣伝策の一環として、日本に原爆を使用したのである。

第22章

平和は不人気

第二次世界大戦は、第一次世界大戦とほぼ同じパターンで行われた。ヒトラーと和平協定を結んだネヴィル・チェンバレンは、直ちにタヴィストック研究所を中心とする強力なプロパガンダにさらされることになった。チェンバレンは、300人委員会に背き、世界の社会主義を脅かすと目される新参者、アウトサイダーを支持したのだ。

チェンバレンが有能な政治家であり、二度と戦争を起こさないことを決意し、経験豊かで、公正な平和計画を練っていたことを、世界は知ることはなかった。もちろん、このことは、軍需ハゲタカが柵の中に座って、各国の富を食いつぶし、その息子たちの死体の上でうろつくのを待っていることには馴染まない。

ロンドンのタヴィストック研究所に設置された巨大なプロパガンダ・マシンは、チェンバレンが講和計画を成功させた後、直ちにチェンバレンに対して行動を開始した。シェイクスピアは、「人の行う悪はその後に生き、善はしばしばその骨と一緒に埋葬される」と言った。チェンバレンが行った良いことは、温情主義者には不都合で、彼らはプロパガンダと真っ赤な嘘のカタログの下にそれを埋めた。

これらの嘘は、ピーター・ハワード、マイケル・フット、フランク・オーウェンなど、タヴィストック研究所に雇われたプロパガンダの専門家の仕事であった。その中の一人が「カトー」という名でチェンバレンを中傷し、その悪名が2005年7月の今日まで続いているのである。これがタヴィストック社の強力なプロパガンダマシンの力だ。

その後、プロパガンダの専門家が仕事を終えてからずいぶん経ってから、イギリスの歴史家・学者であるデビッド・ダットンが『*ネビル・チェンバレン*』*という本を書いて*、元首相についてバランスのとれた評価を下している。

チェンバレンは「ヒトラーのカモ」や「愚か者」とは程遠く、偉大な交渉者であり、非常に有能なリーダーであり、再び戦争を起こさないために勇敢に戦った。しかし、これは300人委員会の意向に反し、チャーチルは「楽しい戦争」を手に入れたが、1941年までに「連合国」は膨大な兵力を失い、事実上ヨーロッパ大陸から追いやられていたのである。フランス、ベルギー、オランダ、デンマークが占領された。

ドイツはイギリスに寛大な条件を提示したが、温情主義者のチャーチルは和平の申し出を拒否し、古い同盟国であるアメリカに人、金、物を提供し、「おいしい戦争」を続けるように仕向けた。

アメリカの人々に、私たちは深い悲しみをもってこう言います。

> "いつになったら学ぶんだ？いつになったらプロパガンダと本物の情報の区別がつくのでしょうか？戦争法案をいつ憲法審査会にかけるのか？"

ウィルソンは、アメリカ憲法を否定する、根っからの嘘つきであったが、ウェリントン・ハウスが組織し、指揮し、維持する大規模な宣伝活動によって、愛国心の旗の下に活動し、戦争への激しい反対を押し切って、その任務を遂行することができたのである。ウィルソン、チャーチル、ルーズベルトの間で、西洋のキリスト教文明に甚大な損害がもたらされた。しかし、この事実にもかかわらず、彼らの手にある何百万人もの血を取り除くかのように、プロパガンダの波が彼らの名前を押し流し続けているのです。

悪者にされるどころか、ヨーロッパ中に彼らの記念碑がたくさんあります。アメリカでは、数十億ドルかけてフランクリン・D・ルーズベルトの記念碑が建てられる予定です。彼の裏切りによって日本は「最初の一発」を放ち、スティムソン・デイリーズはこう言っています。真珠湾攻撃は、共産主義者の中国支配への道を開き、最終的にはワンワールド政府による共産主義・社会主義の新しい世界秩序への道を開いたのである。この絶望の谷で私たちが望むのは、この作品がアメリカ国民の目を開かせ、二度とプロパガンダに騙されないようにすることである。

私たちは最近、セルビア、アフガニスタン、イラクで、タヴィストックの識者の手になる拡大したプロパガンダの道具によって、不必要な戦争へと駆り立てられたという不穏な経験をしている。ミロシェビッチ大統領は悪者にされ、中傷され、軽蔑され、最終的には権力の座から追い出された。ミロシェビッチ大統領は不法に逮捕され、オランダに不法に移送され、約4年間「戦争犯罪」で有罪にしようとしている傀儡法廷によって「裁かれる」ことになったのである。

ジョージ・ブッシュ・ジュニアは、イラクの調停役が働く時間を与えることを拒否した。それが戦争を防ぐことになると知っていたからだ。彼は、国連の兵器査察団に作業を完了する時間を与えることを拒否し、その代わりに、あらゆるプロパガンダの悪意をもって、「イラクの独裁者」の手にある「大量破壊兵器」の「差し迫った危険」のために、世界はあと10日も待てない、と宣言したのだ。(「バグダッドの虐殺者」)。

こうしてまたもや、タヴィストック研究所の宣伝担当者が流した嘘の洪水に、米国の主要な宣伝媒体である*Fox News*など米国のメディアが取り上げ、米国国民は振り回されることになったのである。

しかし、今回はアメリカ人の方がラッキーだ。大量破壊兵器」も「化学・細菌工場」も「ボストン上空のキノコ雲」を引き起こす長距離ロケットもなかった（タヴィストックのプロパガンダと集団洗脳の弁明者、ライス女史のおかげ）、ブッシュ氏とその共犯者であるブレア英首相が真実を明らかにするのに100年も待つ必要はなかった。しかし、嘘の網にかかったにもかかわらず、上記の全員が職を続けている。彼らは、自分たちが真実だと誓った無数の嘘のために解雇されることもなく、今日、カール・ローブやアレイスター・キャンベルのようなスピンマスターの助けを借りて批判を無視し、それから逃れようとさえしていないのだ。正義の大義が果たされ、セルビアやアフガニスタンへの爆撃、イラクへの不当な侵略という悲劇の責任者が、国際司法の法廷に引き出されてその罪に答えることを期待しよう。

ヨーロッパ、太平洋、セルビア、アフガニスタン、イラクの戦場から死者の声が上がり、「洗脳」が勝利し、プロパガンダが優勢になったために死んだと嘆く。現代世界の惨劇は、タヴィストック研究所から、湿った騒がしい沼地の汚い瘴気のように染み出し、世界を包んで真実を見えなくしているのだ。

ノースクリフ卿

ウォルター・リップマン

エドワード・バーネイズと
エレノア・ルーズベルト

エドワード・バーネイズ

Tavistockの社会科学者

W.R.ビオン

グレゴリー・ベイツン

R.D.レイングエリック・
L・トリストタヴィスト
ック研究所所属の社会科学者

レオン・トロツキーマルクス主義者（本名レフ・ブロンシュタイン。）

ウィリー・マンゼンバーグロシアの優秀なスパイであり、プロパガンダの第一人者

ノースクリフ卿とアドルフ・ヒトラー。

H.G.ウェルズイギリスの作家。フェビアニズムの第一人者で、シークレットサービスのエージェント。*世界大戦』*を執筆。

ジョージ・バーナード・ショーアイルランドの劇作家、フェビアン主義者

ウォルター・ラテナウドイツを代表する実業家。カイザー・ヴィルヘルム2世の財務アドバイザー。

バートランド・ラッセル卿イギリスの社会主義者、作家、「300人」の長老。

カイザー・ヴィルヘルム2世
ウェリントン・ハウスは、ドイツの指導者を「血まみれの肉屋」と

ヴィクトリア女王は、ウィリアム2世のいとこであ

キングジョージ5

ウッドロウ・ウィルソン（アメリカ大統領）。社会主義者を自認する

カイザー・ウィルヘルム2世がベルギーの女性や子供たちを射殺し、その上に立っているという悪名高いプロパガンダの絵です。この絵と、ウェリントン・ハウスが制作した、ベルギーの子供たちの上に立ち、切断された手から血が滴る剣を持ったウィリアム2世を描いた同様の絵は、イギリスとアメリカの新聞に掲載された。

(上) トロツキーはモスクワで「軍隊」を「閲兵」している。これは、欧米の有志の新聞に殺到した数百枚のプロパガンダ写真のうちの1枚である。

(下) 第一次世界大戦の悲惨な肉弾戦の一つを描いたもの。残虐な行為と虐殺によって、双方の生存者は精神的な障害を負い、体験したことに取り憑かれるようになった。

(1) ショーン・ハニティ (2) ラッシュ・リンボー

(3)タッカー・カールソン (4)マット・ドラッジ

(5)G・ゴードン・リディ (6)ペギー・ヌーナン

(7)ブライアン・ウィリアムズ (8)ビル・オライリー

(9)ローレンス・クドロー (10)ディック・モリス

(11)ジョン・ストッセル (12)ウィリアム・ベネット

(13) オリバー・ノース (14) マイケル・サヴェージ

(15) マイケル・レーガン (16) ジョー・スカーボロー

第23章

タヴィストック研究所：英国による米国への支配

タヴィストック人間関係研究所は、ロンドンと英国サセックス州のサセックス大学の敷地内にあり、ほとんどの研究施設がここにあります。タヴィストックは、私が1969年初めにその存在を明らかにしたときと同様、今日も重要な存在である。私は、サセックスの施設の近くで働き、その歴史に精通していたため、タヴィストックの一員であると非難されたことがあります。

タヴィストックの最近の活動の多くは、アメリカの生活様式や政治制度に大きな影響を与え、また現在も与え続けています。タヴィストックは、中絶の宣伝、薬物の蔓延、ソドミーとレズビアニズム、家族の伝統、そして憲法に対する猛烈な攻撃、外交政策における我々の不作法、失敗するようにプログラムされた経済システムの背後にいると考えられている。

ジョン・ローリングス・リースを除けば、エドワード・バーネイズ（ジークムント・フロイトの甥）とクルト・ルインほど政治と世界の出来事に影響を与えた人物はいない。ここには、タヴィストック教授陣の一員ではなかったが、「第三の男」が含まれているはずだ。彼は、現代のマス・コミュニケーション時代に欠かせないプロパガンダの手法とその応用で、「世界一のプロパガンダ作家」と呼ばれたウィリー・マンゼンバーグである。ミュンゼンベルクは、当時最も優秀な人物（第一次世界大戦前に仕事を始めていた）であることは間違いなく、ロマノフ王朝を倒したボルシェビキを白紙に戻す任務を負っていた。

ミュンゼンバーグは、バーネイズやルーインが実践したアイデアや方法を確実に形成していた。ロート・カペルのカペルマイスター（スパイ組織「レッド・オーケストラ」の指揮者）であるレオン・テッパーを操った伝説的な功績により、ミュンゼンバーグは現存するすべての情報機関のマスタースパイとなった。テッパーはミュンゼンバーグに鍛えられ、捕まることはなかった。テッパンは、第二次世界大戦中に英米のあらゆる機密を入手することができた。同盟国」が打ち出した秘密計画のうち、テッパーがすでに知っていて、モスクワのKGBやGRUに情報を流していなかったものは、ほとんどない。

バーネイズは自分の分野では同様に優秀だったが、彼のアイデアのほとんどは、有名な叔父のシグムンドから得たものだと私は思っている。プロパガンダに関する彼の考えについては、マンゼンバーグから「借用」したことは疑いようがなく、それは1928年に出版されたバーネイズの古典『*プロパガンダ*』に反映されている。本書のテーゼは、政府が公式の政策に適合するように世論を組織化することは全く適切であり、当然の権利であるというものである。このテーマについては、後ほど改めてご紹介します。

ミュンゼンベルクは、バーネイズやドイツの大衆啓蒙大臣（宣伝省と呼ばれていた）ヨーゼフ・ゲッベルスよりもずっと前に、自分のプロパガンダの基本原則を実践する大胆さを持っていた。

ナチス党の宣伝専門家はミュンゼンベルクの仕事を大いに賞賛し、自らの宣伝プログラムをミュンゼンベルクの手法に倣わせた。ゲッペルスは、ミュンゼンベルクを知る人がほとんどいないにもかかわらず、常にプロパガンダの「父」として信用するように気を配っていた。

ゲッペルスは、1921年にレーニンがヴォルガ地方の2500万人の農民が飢饉のために死んだときのひどい世評を緩和するために彼を採用したとき、ミュンゼンベルクがその宣伝学の熟練をどのように利用したかを特に研究していた。こうして、ドイツ生まれのミュンゼンベルクは、ボルシェビキの寵児となったのである。最近の歴史的な記述を引用する。

> 「ミュンゼンベルクは、ベルリンに戻り、共産党の代議士として帝国議会の議員に選ばれた。この点では、ミュンゼンバーグはかなり成功していた。

マンゼンバーグは、旧ウェリントン・ハウスの経営者の目に留まり、1921年にタヴィストック人間関係研究所と改名し、元英国陸軍心理戦局学校のジョン・ローリングス少将の指導を受けることになった。

私の研究を読んでくださっている方なら、マンゼンバーグが採用し完成させた手法のほとんどが、バーネイズとその同僚であるカート・ルイン、エリック・トリスト、ドルウィン・カートライト、H.M.S.Aによって取り入れられたことを知り、驚かないことでしょう。V.タヴィストック大学のディックス・W・R・バイオンは、後にこれらの方法を中央情報局に教えた。

アメリカで起こった出来事に大きな影響を与えた共産主義者は、ミュンゼンバーグだけではなかった。私は、タヴィストックが、後に1973年にオリジナル作品として最高裁に提出された「堕胎準備書面」の作成に貢献したと考えているが、実際は、ソ連における「女性解放」運動の創始者で「自由恋愛」を提唱したコロンテイ夫人が書いたものを復唱したに過ぎないのだ。

ボルシェビキのコミッサールであり指導者であった彼の

著書は、キリスト教国において最も重要な社会的単位である結婚と家族の神聖さを非難するものであった。もちろん、コロンテイの「フェミニズム」は、1848年の『共産党宣言』のページから直接引用したものだ。

有名な*『1984年』を書いた*MI6のエージェント、ジョージ・オーウェルは、マンゼンバーグの仕事を詳しく研究していた。実は、彼の最も有名な発言は、ミュンゼンバーグがプロパガンダの基本だと言っていたことに基づいている。

> "政治的な言葉は、嘘を真実らしく、殺人を立派に見せかけ、純粋な風を堅固に見せるために作られる"

ドイツのミュンゼンベルグが言ったように。

> "すべてのニュースは嘘であり、すべてのプロパガンダはニュースに見せかけている"

ミュンゼンバーグを知ることは、政治家がどのように活動し、秘密勢力がどのように情報へのアクセスをコントロールし、世論がどのように形成されているかを理解するのに役立つからである。バーネイズは確かに師匠についていき、その方法論から外れることはなかった。このようなことを知らなければ、なぜブッシュ大統領がそのようなことをしても、その結果に直面する必要がないのか、決して理解することはできないだろう。そのおかげで、彼の政策を形成しているいわゆる「新保守主義者」の起源を、その創始者であるアーヴィング・クリストルまで遡ることができた。彼は、トロツキーの弟子であったことを公言しているのだ。

タヴィストックは、行動変容、意見形成、政治的事象の形成に関連するすべての研究施設の母体となっています。タヴィストックが行ったことは、「20世紀の欺瞞のブラックホール」を作ることである。もし、メディアが売春をし、「ジョージ・オーウェルによる福音書」を広める役割を担っていなければ、彼の仕事はもっと困難なものになっていただろう。

タヴィストックの前身であるウェリントン・ハウスの責任者であるノースクリフ卿はメディアの大物で、一時は毎週何千部もの*デイリー・メール*をフランスに送り、それを前線のイギリス軍にローリー隊で配達させて「戦争を支持する心を勝ち取る」ところまでやった（第一次世界大戦）。

特にここアメリカでは、マサチューセッツ工科大学（MIT）、スタンフォード研究所、エサレン研究所、ウォートン・スクール・オブ・エコノミクス、ハドソン研究所、キッシンジャー研究所、デューク大学など、我々が完全にアメリカのものと考えるようになった多くの機関が事実上乗っ取られてしまったのである。

ランド研究所は、タヴィストック社の傘下にあり、社会の多くの機関やセグメントに大きな影響を与えてきました。ランドはタヴィストック直轄の主要研究機関の一つとして、我々のICBMプログラムを運営し、米国の外交政策立案者のために一流の分析を行い、核政策に関する助言を行い、マインドコントロールの分野でCIAのために何百ものプロジェクトを実施しています。

ランドは、AT&T、チェースマンハッタン銀行、米空軍、米エネルギー省、米保健省などを顧客に持つ。

B.M.ランドは、タヴィストックが支配する世界有数の機関で、政府、軍、宗教団体などあらゆるレベルの洗脳に取り組んでいます。英国国教会のデズモンド・ツツもランドのプロジェクトの一つであった。

例えば、アメリカで最も優れた高等教育機関の一つであるジョージタウン大学。1938年以降、ジョージタウンの組織はタヴィストックによって全面的に見直され、学習形態やプログラムはすべて、タヴィストックの頭脳集団が作成した計画に合わせて変更された。

このことは、米国の政策、特に外交関係の分野で非常に重要な意味を持っている。米国国務省の現地職員は、例外なくジョージタウン大学で研修を受けています。

ジョージタウン大学（タビストック）の卒業生には、リチャード・アーミテージやヘンリー・キッシンジャーが有名である。ジョン・ローリングス・リースの見えない軍隊のこの二人が、我が国の幸福に与えたダメージの大きさは、また別の機会に語られるべきだろう。

諜報機関へのタヴィストックの持ち込みが増加していることを示す証拠が増えている。米国でインテリジェンスといえば、CJAやFBIの第五課を思い浮かべるのが普通であろう。

しかし、タヴィストックから指示を受けている情報機関は他にもたくさんあるのです。国防省情報局（DIA）、国家偵察局（NRO）、海軍情報局（ONI）、財務省情報局（TIS）、国務省情報局、麻薬取締局（DEA）など、少なくとも10の情報局が含まれる。

タヴィストック社はいつ、どのようにしてその活動を始めたのですか？1969年と1983年の著書で述べたように、タヴィストックといえば、自動的にその創設者である英国陸軍少佐ジョン・ローリングス・リースのことを思い浮かべるだろう。1969年まで、タヴィストックの存在や、ロンドンやサセックスにある施設で何が行われているかを知る人は、英国でも諜報機関関係者以外にはほとんどいなかったという。

タヴィストックは、この国のどの町にもいる、地方や州の役人や警察を手のひらの上で操っているような人たちに、不吉な性質のサービスを提供しているのである。

これはアメリカの主要都市でも同様で、イルミナティのメンバーであるフリーメーソンは、秘密の支配力を使って権利章典を踏みにじり、罪のない市民を威嚇し、残虐行為を好きなように行っているのです。この国を偉大にした政治家はどこにいるのだろう。その代わりにいるのが、自分たちが作った法律を施行しない議員たち、そして、もし宣誓に従ったら自分たちが職を失うかもしれないと恐れ、あらゆる方面にあふれる明白な誤りを正そうとしない議員たちである。

また、憲法とは何かということを漠然と考えてもいない議員たちであり、気にもしていないようである。合憲性が検証されたことのない「法律」を成立させる。どうせほとんどの議員はやり方がわからない。その結果、ワシントンには無秩序が支配することになる。下院や上院に立候補した候補者の多くは、その誰もがタヴィストック社、あるいは米国にあるその子会社の一つ以上の行動修正科学者によって慎重に吟味され、プロファイリングされているという事実に衝撃を受けるかもしれません。

議会には違憲無法の精神がある。だから、「ブレイディ法案」やファインスタイン「アサルト・ウェポン」法、2003年には国土安全保障法案や愛国者法といった、憲法のどこにも登場しない、したがって禁止されている施策によって侮辱されているのだ、と言っておく。Feinsteinの「法律」は、Tavistock
Instituteの研究と酷似している。憲法が国の最高法規である以上、「銃規制」法は無効である。

銃器は個人の所有物です。銃器は州を跨ぐ商取引には含まれない。正気で、成人で、犯罪者でないすべてのアメリカ市民は、どんな量でも、どんな場所でも武器を保持し、持つ権利を持っている。

偉大なるセント・ジョージ・タッカーはこう言った。

> 「合衆国議会は、各州の国内問題を規制したり干渉したりする権限を持たない。財産権に関する規則を作るのは彼ら（州）であり、憲法は、いかなる目的のため、いか

> なる数で、いかなる機会にも、人民の武器や平和的集会を禁止することを認めない」。(ブラックストーンの憲法に関する見解、315ページ)

コントロールしにくい候補者や、タヴィストックのプロファイルに合わない候補者は、すべて捨てられます。その際、Tavistockまたはその関連会社の指示のもと、印刷物やインターネットメディアが重要な役割を果たします。有権者は気をつけよう、一般大衆に知らしめよう。

タヴィストックが「内的方向づけ」と「長距離浸透」によってこの国の人々の思考と考えをコントロールするために行った仕事のおかげで、私たちの選挙プロセスは茶番劇と化した。タヴィストックは、1776年のアメリカ革命の勝利を奪うために、そのすべての要素において、黒い貴族に仕えているのです。もし、読者が「黒人貴族」に馴染みがなければ、この言葉は黒人を指すものではないことに留意してほしい。500年以上の歴史を持つ超富裕層、王朝を指し、300人委員会のバックボーンを形成している。

国際的にも、アメリカの外交政策を決定する機関の分野でも、タヴィストックはあらゆるレベルの政府機関で心理的プロファイリングを行い、私生活への侵入も実に膨大な規模で行っているのである。

タヴィストックは、ローマクラブ、チーニ財団、ジャーマン・マーシャル・ファンド、ロックフェラー財団、ビルダーバーガー、CFRと三極委員会、ディッチリー財団、国際決済銀行、IMF、国連と世界銀行、マイクロソフト、シティバンク、ニューヨーク証券取引所などに対してプロファイルとプログラムを開発しています。タヴィストック社のプランナーの手になる施設は、このリストだけでは到底網羅しきれない。

1991年の湾岸戦争に先立つプロパガンダの嵐は、タヴィストックによるアメリカ国内の膨大な人々の心理的プロファイリングに基づいていた。その結果は、マディソン・アベニューの「広告代理店」とも呼ばれるオピニオン・メーカーに渡された。

このプロパガンダは非常に効果的で、2週間もすると、イラクが地図上のどこにあるのか、ましてやその指導者が誰なのかも知らない人々が、「アメリカの利益を脅かす独裁者」に対する戦争を叫び、呼びかけ始めたのである。こわい？はい、でも残念ながら100%本当です湾岸危機」という言葉は、まさにタヴィストック研究所が、ブリティッシュ・ペトロリアム（BP）を主要企業とする300人の委員会に代わって、ブッシュの戦争への最大限の支持を引き出すために作った言葉である。

私たちは、少なくとも一部の人は、難読化、嘘、隠蔽、歪曲、完全な詐欺に基づく世論形成において、タヴィストックがいかに重要な役割を担っているかを知ることになった。タヴィストック人間関係研究所に匹敵する機関は、世界中どこにもありません。1984年に更新したレポートから引用します。

> "変化
> "を実感している機関や出版社も少なくない。*エスクァイア誌の*最新号に「ディスカバリング・アメリカ」と題する記事が掲載されています。*エスクァイア』*にはタヴィストックの名前は出てこないが、次のように書いてある。「1970年代の社会革命（非常に重要なフレーズだ）において、ほとんどの個人の儀式や交流、そして制度的生活が根本的に変化した。当然、こうした変化は未来の捉え方にも影響を与えています。"アメリカの経済基盤は変化し、新しいサービスや製品が提供されている "と。

記事は、私たちの社会生活、余暇、教育制度が変わり、そして何よりも子供たちの考え方が変わってきていると述べています。*エスクァイアの*記事の著者はこう結論付けている。

> "アメリカは変化しており、将来取るべき方向も変化している...時折、我々の新しいアメリカのセクション（*Esquire*の将来の版で約束されている）は、それほど新しいとは思えないだろう。新しい考えのほとんどは、アメリカ生活の主流に入り込んでいるが、今のところ気付かれていないのだから。"

時間が物事を変える」という誤謬について、これ以上ないほど適切な表現をしています。自分**では何も変わらない。すべての変化は、秘密裏に、あるいは公の場で、デザインされているのだ**。*エスクァイアは*、私たち国民が抵抗しようとした変化-そのほとんどは望まない変化-に誰が責任を負うのかについては言及しなかったが。

このような主張をしているのは、*エスクァイアだけ*ではありません。何百万人ものアメリカ人が、自分たちの未来を形作る力について全く知らないで暮らしている。彼らは、アメリカがタヴィストックの「長距離指向性国内浸透法」によって完全に「条件づけ」られていることに気づいていないのです。さらに悪いことに、タヴィストックの条件付け（アメリカ人にタヴィストックが望むような考え方をさせる）のために、この何百万人もの人々は、もはや気にも留めていないようです。彼らは「長期的な浸透」、つまり国民を洗脳するためにタヴィストックによって行われたマスターコントロールプランによって「内部条件付け」され、今では常に「シェルショック」状態に悩まされているのです。

後述するように、このような無関心と無知には、それなりの理由がある。私たちが国家として強いられている、望ましくない変化は、タヴィストック研究所のジョン・ローリング・リースに加わった何人かの名論客や技術者の仕事である。

第24章

洗脳が米大統領を救う

あえて言えば、私が長年にわたってリースとその仕事を暴露してきたにもかかわらず、95%のアメリカ人は彼が誰であるか、彼がアメリカにどんな損害を与えたかを知らないのだ。

このように多くの国民は、自分たちがいかに「新しい考え」「新しい文化」「新しい宗教」を受け入れさせられ、操作されてきたか、まだまったく気づいていない。彼らは重大な暴力を受けているのに気づいていない。彼らはいまだにレイプされ、特に世論調査によって意見を形成する際には、何が起こっているのかわからないのです。

例えば、クリントン元大統領は、世論調査の結果、弾劾訴追を求めるほど突飛な行動には関心がなかったため、次々とスキャンダルを起こしても生き延びることができた。これは本当だろうか？もしかして、人々はもう公序良俗にこだわらないのでしょうか？もちろん、そんなことはありません。

これはタヴィストック研究所が教える人工的な状況であり、各テラーはタヴィストックの意見形成と世論操作の方法を訓練され、回答が「真実」となるようにしています。

プレジデントGを追加することができる。W.ブッシュを「生存者」に。彼は、違法な（違憲の）イラク戦争を始めるために、あからさまな嘘をついたにもかかわらず、罷免されなかったのです。憲法に従って宣戦布告されたことがないので、違憲である。

さらに、米国憲法には、米国が自国に対して交戦行為を行っていない他国を攻撃することを認める規定はない。ブッシュ大統領はなぜ弾劾されずに済んだのか？その答えは、タヴィストック研究所とその集団洗脳能力にある。

1946年にアメリカに対して全面戦争を仕掛けた後、タヴィストックが最初に行った仕事の一つは、アメリカ国民に「オルタナティブ・ライフスタイル」を受け入れさせることであった。タヴィストック文書には、議会で強制的に変更されるまで、連邦のほぼすべての州で犯罪と認識され、いくつかの州では今も犯罪とされている行為を、法的に一般に認めさせせようとするキャンペーンの指導者が、どのように行動していたかが示されています。今で言うところの「ゲイのライフスタイル」のことです。

この「チェンジ」プログラムの開始に先立って行われた入念なプロファイリングは、最も簡単な言葉で説明されても、素人には信じられず、「恐ろしいSF」だと一蹴された。アメリカ人の大多数は、タヴィストック研究所が1946年に自分たちと一緒に戦争をしたことも、それ以来、国民がその戦争に負けたことも聞いたことがない（2005年現在も知らない）。

タヴィストックは、第二次世界大戦末期からアメリカに目を向けた。ドイツを崩壊させた方法は、アメリカに対しても使われた。我が国への大規模な洗脳は、「長距離貫通」と「内的指向性コンディショニング」と呼ばれた。

この事業の主な目的は、政府のあらゆるレベルに社会主義プログラムを導入し、新しい暗黒時代、単一の政府内の新しい世界秩序、共産主義独裁への道を開くことであった。

特に、結婚と家庭生活の神聖さを壊すためのものであった。そしてそれは、「憲法を無能にする」ことも目的としていた。同性愛、レズビアン、中絶はタヴィストックが考案したプログラムであり、合衆国憲法を「変える」という目標も同様である。

Tavistockのプログラムのほとんどは、訓練された世論調査員とその巧妙な質問の助けを借りて、「正しい」候補者を選出することに基づいている。タヴィストックの「ゲイのライフスタイル」プロジェクトには、メディアが同性愛者への攻撃を隠蔽し、「新しいライフスタイル」の十字軍を「ただの人」に見せるための「タスクフォース」ユニットがいくつも含まれていた。

今でこそトークショーはこうした企画に欠かせないものとなっているが、当時は今ほど社会変革のために広く活用されていたわけではない。トーク番組を通じて社会や政治の大きな変化を促すためにタヴィストックが選んだリーダーたちは、フィル・ドナヒューやジェラルド・リヴィエラ、ビル・オライリー、バーバラ・ウォルターズなど、アメリカでその名を知られるようになった多くの人たちです。今までなら失笑されるような人たちを、立候補させたのである。しかし、今は世論調査を巧みに利用することで、こうした人たちを真剣に受け止めている。

テレビのトークショーの司会者たちを通じて大衆に呼びかけるための計画には、タヴィストックが強要したこの社会変革のための長期計画を実行するために何百万ドルもの費用がかかっており、結果が示すように、タヴィストックはその宿題をこなしていた。今までの経験上、この大移動を見事にやり遂げたことに驚きを隠せません。

全米のコミュニティ全体がプロファイリングされ、トークショーのゲストやその聴衆は、彼らのプロフィールに従って選ばれた。彼らは、自分たちの知識や同意なしに何が行われているのか、まったく気づかなかった。アメリカ人は大規模に騙され、当時も今もそのことを知らないのですまた、タヴィストック人間関係研究所が、彼らにむち打ち症を与えていることも知らなかった。

3年間の準備期間を経て、ついに、全く無防備なアメリカ国民に対するタヴィストックのソドミト／レズビアンの攻撃は、フランス革命の時、無防備なフランス国民に吹き荒れた嵐に例えることができるだろう。

計画され、実行されたキャンペーンは、予定通りフロリダで始まった。まさに予定通り、アニタ・ブライアントが「ゲイ・コミュニティ」の侵略者たちに対して武器を取るために名乗りを上げたのだ。このエピソード以前は、「ゲイ」という言葉が同性愛者やその行動を表すのに使われることはなかった。

タヴィストックは、1914年と1917年に大きなクーデターを起こし、すでに述べたように、英米をドイツとの野蛮な戦争に巻き込んだウェリントン・ハウスの後継者として、1921年に設立された。

タヴィストックは、現在も世界最高水準を誇る英国諜報機関の主要な研究ツールとして機能することになった。君主から依頼されたジョン・ローリングス・リース少佐（後に准将）が、このプロジェクトのリーダーに選ばれた。英国王室がロックフェラー家やロスチャイルド家の協力を得て資金を提供した。

第二次世界大戦のさなか、タヴィストックは、元レイナード・ハイドリヒからドイツの諜報機関を引き継ぐことを条件に、デイヴィッド・ロックフェラーから追加の資金提供を受けた。輝かしいナチスの保安機関の全装置と職員が、国の最高法規に反してワシントンD.C.に移送されたのだ。インターポール」と呼ばれるようになった。

第二次世界大戦中、ロンドンとサセックスにあったタヴィストック施設は、英国陸軍の心理戦局の本部として機能していた。

実際、チャーチルとルーズベルトの「親友」協定により、タヴィストックは特殊作戦局（SOE）を通じて米国の軍事情報と政策を完全に掌握することができ、第二次世界大戦中もこの支配力を維持したのである。アイゼンハワーは、300人委員会によってヨーロッパ連合軍総司令官に選ばれたが、タヴィストックによる徹底的なプロファイリングを受けた後だった。その後、ホワイトハウスに赴任した。アイゼンハワーはホワイトハウスに居座ることを許されたが、役目を終え、戦争の記憶も薄れ、解任された。アイゼンハワーは、300人委員会とタヴィストック研究所から受けた仕打ちに対する恨みから、軍産複合体の危険性について発言しているが、これはかつての上司である「オリンピアン」に対するベールに包まれた言及である。

書籍『*Committee of 300*』[9]は、この世界を動かす超秘密主義の超エリート組織の全貌を伝えている。300人委員会は、銀行、金融会社、印刷物やオンラインメディア、主要な「シンクタンク」、その国の世論調査者によって形成された世論として通用するものを実際に現代の創造者である新しい科学の科学者など、広大で連動したネットワークを自由に使えるようにしています。現在、フォーチュン500社のうち450社以上が「300人委員会」の支配下にある。

ペトロカナダ、香港上海銀行、ハリバートン、ルート、ケロッグ&ブラウン、ブリティッシュ・ペトロリアム、

[9] 発行：オムニア・ヴェリタス・リミテッド、www.omnia-veritas.com。

シェル、ゼロックス、ランク、レイセオン、ITT、イーグル保険、すべての大手保険会社、米国、英国、カナダのすべての大手企業や組織などである。いわゆる環境保護運動は、タヴィストック研究所を通じて、委員会に完全にコントロールされている。

多くの人は、「洗脳」は韓国・中国の技術だと思いがちです。ということはありません。洗脳の起源は、タヴィストックに遡ることができる。行動修正の科学は、タヴィストックに端を発し、彼は諜報員の軍隊を訓練した。

アメリカは、おそらく他のどの国よりも、国民生活のほとんどすべてのレベルでタヴィストック拳の支配を感じており、その支配力は衰えていない。それどころか、ウィリアム・ジェファーソン・クリントンとブッシュ父子の出現で、その支配力はかなり強まっている。1992年と1996年は本当に洗脳されていました。2005年はまさに洗脳された国です。リースの技術を使った長距離侵入戦の主な被害者は米国である。

他の被害国は、ローデシア（現ジンバブエ）、アンゴラ、南アフリカ、フィリピン、韓国、中央アメリカ、イラン、イラク、セルビア、ユーゴスラビア、ベネズエラである。

イラクやイランではこの手法は通用せず、全体としてイスラム諸国は欧米諸国よりもタヴィストックの大量人口抑制手法に抵抗があるようだ。

彼らがコーランの掟とイスラム教の信仰に厳格に従ったことが、タヴィストックの中東での計画を少なくとも一時的に打ち負かしたことは間違いないだろう。その結果、イスラム世界に戦争を仕掛けるためのキャンペーンが組織的に行われるようになった。

リースが、さまざまな国に変化を強いることに成功したことは、その後の出来事に反映されている。国内では、タヴィストックは、情報機関、ペンタゴン部隊、議会委員会、大企業、娯楽界など、民間・政府を問わず、アメリカの主要機関全体を再構築してきたのです。

第25章

タヴィストックによる米国への攻撃

タヴィストック・チームの中心人物の一人がクルト・ルイン博士である。ドイツで生まれたが、人口制御の実験がドイツ政府に発覚し、逃亡を余儀なくされた。ルインは、世論調査や同様の世論形成の実験に広く協力しており、リースとはすでによく知られた間柄であった。ゲッペルス博士は、タヴィストックの手法を熱心に取り入れたと言われている。

ルインはイギリスに逃れ、タヴィストックでリースと一緒になり、最初の大きな仕事を任された。彼は見事に歴史上最大のプロパガンダキャンペーンとなるものをやり遂げ、アメリカ国民をドイツと、後には日本に対する憎悪の熱狂に巻き込んでしまった。この電撃戦は、最終的に何十万人ものアメリカ兵の命を奪い、ウォール街、国際銀行、武器商人の金庫に何十億ドルも注ぎ込んだ。

人命と国宝の損失は取り返しがつきません。

イラク攻撃の直前、アメリカは第二次世界大戦に突入させるために展開されたプロパガンダにわずかに及ばないほどの爆発的な宣伝にさらされていたのだ。第二次世界大戦でルインが開発したキーワードを注意深く分析した結果、93.6%のケースで、これらのトリガーとなる言葉やフレーズが朝鮮戦争、ベトナム戦争、湾岸戦争で使われた言葉と一致していることがわかった。

ベトナム戦争当時、タビストック方式による世論調査が行われ、アメリカ国民に壊滅的な影響を与えた。

湾岸戦争のとき、国務省がクウェートの大使館員を「人質」と呼び続けたのは、タヴィストックの手法の一例である（実際には誰も投獄されていないのに）。実は、彼らはいつでも自由に出て行くことができたのだが、クウェートに留まり、自分たちの状況を宣伝するよう命じられたのである。

実は、この「人質」は国務省の人質だったのだ!フセイン大統領に先制攻撃をさせることができず、真珠湾攻撃のような「人為的状況」を再び作り出さなければならなかったのだ。エイプリル・グラスピーの名は、裏切りや悪名と永遠に結びつけられることだろう。その後、クウェートによる数百万バレルのイラク産原油の精巧な盗み出しが行われた。フセインは、バグダッドのアメリカ大使エイプリル・ギレスピーから、イラクを攻撃し、イラク国民に何十億ドルもの損害を与えている状況を終わらせるという「ゴーサイン」をもらっていた。しかし、攻撃が開始されると、長老ブッシュは間髪入れずに米軍をクウェート救援のために派遣した。

ブッシュ大統領は、「人質」という偽りの主張を使って、イラクに対する支持を集めてきた。ここがタヴィストック研究所の失敗の原因だろう。中東に対する我々の政策は正しいと大多数のアメリカ人を納得させることに成功したが、タビストックはシリア、イラン、イラク、アルジェリア、サウジアラビアを支配することに失敗したのだ。

ここで、アラブ諸国から石油を奪うというタビストックの悪巧みが崩れ去る。MI6がフィルビーやヒル大尉のような「アラビスト」をイスラム国家を弱体化させるために送り込むことができた時代はとうの昔に終わったのだ。

アラブ諸国はその失敗から学び、現在では第一次世界大戦当初に比べ、イギリス政府への信頼はずっと低くなっている。エジプトのムバラク独裁政権が大変なことになっている。イスラム原理主義者は観光を危険なものにしようとし、エジプトはアメリカの納税者からの年間30億ドルの寄付に加えて、観光を維持するために外国のハードカレンシーに依存している。同様に、シリアも、パレスチナ人を犠牲にしてイスラエルを優遇する米国の政策に長くは付き合えないだろう。

国内では、米国政府によってタヴィストックの財源に数十億ドルが注ぎ込まれている。これらの数十億ドルを受け取ったのは、国立訓練研究所、ハーバード心理クリニック、ウォートン・スクール、スタンフォードのフーバー研究所、ランド、MIT、国立精神衛生研究所、ジョージタウン大学、エサレン研究所、行動科学高等研究センター、ミシガン社会研究所、その他多くのシンクタンクと高等教育機関などである。

このような支部をアメリカ国内の世界中の情報機関に設置する仕事は、以前にもお会いしたことのあるカート・ルーインに任されましたが、私のタヴィストックに関する話が明るみに出るまでは、おそらく100人以上の人にその名前は知られていなかったと思います。しかし、この人物とジョン・ローリングス・リースは、ヒトラーやスターリンが成し遂げたどんなことよりも、アメリカ共和国の基盤である制度にダメージを与えたのである。タヴィストックがいかにして国を支える社会基盤の縦糸と横糸を解きほぐしたかは、ゲイとレズビアンのライフスタイルの「正常化」は、ほんの小さな、しかし重要な業績に過ぎず、はるかに大きく恐ろしい業績は、世論調査を通じた大衆洗脳の成功である。

リースのタヴィストックテクニックは、なぜ実際にうまくいくのでしょうか。リースは、ストレステスト（心理的ショック、ストレスフルな出来事とも呼ばれる）を使った集団洗脳実験を完成させた。リースの説は、「集団全体にストレステストを行えば、ストレスのかかる出来事に対して集団がどのような反応をするかを事前に知ることができる」というもので、現在では十分に証明されている。

この技術は、世論調査によって望ましい世論を作り出すことの核心であり、ホワイトハウス周辺で噴出したスキャンダルからクリントン政権を守るために破壊的な効果を発揮し、現在はホワイトハウスから追放されるブッシュJr.を守っているのである。

第26章

平凡な政治家、俳優、歌手がどのように「昇進」していくのか

プロファイリング」と呼ばれるこの手法は、個人、大小のグループ、マス・グループ、あらゆる規模の組織に適用することができます。そして、「スター」になるために「汲み上げる」のである。アーカンソー州でまだ20代だったウィリアム・クリントンは、ローズ奨学金プログラムに参加するためにプロファイリングされた。彼のキャリア、特にベトナム戦争時代の歩みが紹介された。そして、自らの実力を証明したクリントンは、ホワイトハウスへの「花道」となり、その後は常に「汲み上げ」られていったのである。

この作戦は、タヴィストック研究所の洗脳者たちのコントロール下にあったのだ。こういうのは、こういうものなんです。こうして、候補者、特に公職にふさわしいとみなされる候補者、つまり常に「正しい」ことをすると期待される候補者を文字通り製造するための道具が鍛え上げられるのです。議会はそのような人たちでいっぱいです。ギングリッチは、自分の行いが発覚するまでは、典型的な「タヴィストック製品」として成功していた。Trent Lott, Dick Cheney, Charles Schumer, Barney Frank, Tom DeLay, Dennis Hastert, Dr. Fristなどは、Tavistockの「卒業生」の一例である。俳優、歌手、ミュージシャン、アーティストにも同じ手法が適用されます。

歓迎されない「社会環境の乱れ」が私たちの住むエポックな変化の結果であると国民に信じさせるために、激しいプロパガンダが行われた。しかし、今私たちが知っているように、新しい科学の科学者は「社会環境の乱れ」を人工的に作り出し、それを「エポックな変化」としてよく知られている自然状態の結果であると言いくるめるためのプログラム（ストレスプログラム）を設計したのだ。

タヴィストックの新しい科学者たちは、「すべての結果には原因があるはずだ」という原則を適用することはないと確信していた--
そしてそれは正しかった。例えば、「ビートルズ」、彼らの「新しい音楽」と「歌詞」--
あえて音楽と歌詞と呼ぶなら、バンドがすべて自分たちで書いたと聞かされていたから、私たちはおとなしくそれを受け入れていた。

実はこの音楽は、タヴィストック大学出身のテオ・アドルノが作曲したもので、12音の和音を科学的にチューニングして、アメリカ全土に大量の「環境社会波動」を発生させたのである。ビートルズは誰も楽譜を読めなかった。それにもかかわらず、彼らは、嘘も何もかもが真実として受け入れられるまで、日夜絶え間なく「汲み上げ」ていたのだ。

タヴィストックは、大きな集団がうまくプロファイリングされると、社会生活や政治生活のほぼすべての側面で「内的方向づけ」を受けることができることを何度も証明してきた。1946年以来、米国で行われたタヴィストックの集団マインドコントロール実験に不可欠なもので、世論調査やポジション・テーキングは、彼の最も成功した事業であった。アメリカは騙されていたのに、そのことに気づかなかった。

リースは、自分の技術の成功を証明するために、タヴィストックに頼んで、陰謀に関連したテーマで大勢の人をテストしてもらった。その結果、97.6%の人が「地球規模の陰謀がある」という考えを真っ向から否定していることが判明した。過去56年間、タヴィストックに直接攻撃されたことを、私たちの仲間はどこまで信じていないでしょう。ラッシュ・リンボーのようなラジオのトークショーの司会者は、聴衆に「陰謀など存在しない」と繰り返し言っているのです。

過去56年間、タヴィストックがわが国のあらゆる集落、村、町、都市に、目に見えないショック部隊を送り込んできたことを、どれだけの人が信じるだろうか。この目に見えない軍隊の任務は、「内なる方向づけ」によって、集団的な社会行動に潜入し、変化させ、修正することである。

リースの "見えない軍隊"は、自分の仕事を理解し、献身的に働く真のプロフェッショナルで構成されています。裁判所、警察、教会、教育委員会、スポーツ団体、新聞社、テレビ局、政府の諮問委員会、市議会、州議会、そしてワシントンにも大勢いるのである。郡会議員、保安官、判事、教育委員、市議会議員、そしてアメリカ合衆国大統領に至るまで、あらゆる役職に立候補している。この仕組みは、1954年にジョン・ローリング・リースが説明した。

> 「彼らの仕事は、私たちが知っているような高度な心理戦のテクニックを、増え続ける人々の集団全体に適用し、集団全体をより容易にコントロールできるようにすることです。完全に狂った世界では、政治や政府の分野に影響を与えることができるリンクされたタヴィストック心理学者のグループが、権力の陰謀団である仲裁者でなければなりません。"

この率直な告白は、陰謀論に反対する人たちを納得させることができるだろうか？おそらく、そのような閉ざされた心が、これらのことを本当に知っているかどうかは疑わしいからだ。このような情報は、ラジオの「おしゃべりさん」にはもったいない。

リースの見えない軍隊の監督の一人、ロナルド・リッパートは、子供の心を操ることを得意としていた。

タヴィストックの「関連心理学者」の一人であるフレッド・エメリー博士は、ジョンソン大統領のカーナー委員会の委員を務めていました。

エメリーは、タヴィストックが「社会環境乱流」の専門家と呼んだ人物で、その前提は、集団全体が社会的危機にさらされると、統覚的理想主義に陥り、ついには断片化する、つまり、問題や課題に対処することをあきらめてしまうというものである。

環境」という言葉は、生態系の問題とは関係なく、専門家が「乱気流」や「ストレスパターン」という問題を作り出すという具体的な意図を持って店を構えている特定の環境のことである。

ロックンロール、ドラッグ、自由恋愛（中絶）、ソドミー、レズビアニズム、ポルノ、ストリートギャング、家庭生活、結婚制度、社会秩序、憲法、特に2　と10の改正に対する絶え間ない攻撃がすでにそうなっているのである。

このような事態が起こったところでは、崩壊した司法制度、教育委員会が進化論を教え、未成年者にコンドームの購入を勧め、さらには「子どもの権利」の前に無力な地域社会を発見することができます。子どもの権利」とは一般に、子どもが親に逆らうことを認めることであり、社会主義の「育児」計画の主要な要素である。リースの見えない軍隊のメンバーは、上下両院、軍、警察、そして事実上この国のすべての官庁に入り込んでいる。

カリフォルニア州を調べた結果、全米で最も多くの

"Invisible Army "ショック部隊を抱え、カリフォルニアを社会主義、警察国家に近いものにしているという結論に達しました。カリフォルニアは、全米の「モデル」になると思います。

現在のところ、このような条件付けを違法とする法律はありません。リースとルーインは、イギリスとアメリカの法律を調べて、本人の同意や知識がなくても「条件付け」をすることは合法であると結論づけた。

これを変えなければならない。世論調査は「条件付け」のために不可欠なものです。タヴィストック・ショック部隊の「見えない軍隊」は、ロック音楽、婚前交渉、麻薬使用、婚外子、乱婚、結婚、離婚、家庭生活、中絶、同性愛とレズビアン、憲法、そう、殺人についてのアメリカの考え方を変えた。言うまでもなく、道徳がないことは、いい仕事をすれば許されるということである。

タヴィストックの初期には、「リーダー不在のグループコンセプト」が、私たちが知っているアメリカを粉々にするために使われました。このプロジェクトのリーダーは、自由貿易やケインズ経済学などというナンセンスなことを教えるウォートン・スクール・オブ・エコノミクスを長年運営していたW・R・バイオンであった。日本は、マッカーサー元帥が教えたアメリカのモデル-ウォートン・スクールの詐欺ではない-に忠実であり続け、今日の日本を見ることになったのです。日本人の成功を責めるな -経済システムを破壊したタビストックを責めるのだ。しかし、日本の出番がやってくる!新しい世界秩序の中で一国政府を樹立するための最後の攻撃で、どの国も免れることはない。

タヴィストック対米戦争（1946年）を担当した「ブレイン・トラスト」には、バーネイズ、ルイン、バイロン、マーガレット・ミード、グレゴリー・ベイトソン、H・V

・ディックス、リッパート、ネスビット、エリック・トリストが含まれています。透明人間軍団」のショック部隊はどこで訓練されたのか？タビストックのリースで、そこからアメリカ全土に広がり、「環境社会の乱れストレスパターン」の種をまいた。

彼らは、アメリカ社会のあらゆる階層に広がり、リースが教えてくれた影響力を発揮できる場所で地位を得ていった。目に見えないショック部隊の軍隊が下した決断は、あらゆるレベルでアメリカに重大な影響を及ぼし、最悪の事態はこれから起こる。

主なショック部隊を挙げると、ジョージ・シュルツ、アレクサンダー・ヘイグ、ラリー・キング、フィル・ドナヒュー、バークレー提督（ケネディ暗殺犯の隠蔽に深く関わった）、リチャード・アーミテージ、ビリー・グラハム、ウィリアム・ペイリー、ウィリアム・バックリー、パメラ・ハリマン（故人）、ヘンリー・キッシンジャー、ジョージ・ブッシュ、故キャサリン・メイヤー・グラハムがいて、92年にアーカンソーからワシントン入りしたカラバンも忘れてはいけない、その国はまもなく分裂してしまうことになるだろう。とクリントン夫人は、まもなく国を引き裂かれることになった。ラッシュ・リンボー、ビル・オライリー、ラリー・キング、カール・ローブなど、新人が登場します。

ショック部隊の一員であるビジネスリーダーは、ここに挙げるには多すぎるほどである。タヴィストック会議には、この「見えない軍隊」であるビジネス・ブリゲードから、何千人ものショック・チームが集まったのだ。

アメリカの施設「National Training Laboratory（NTL）」は、ニューヨークのアヴリル&パメラ・ハリマン夫妻の広大な敷地に誕生した。クリントンを特別訓練生に、そして最終的に大統領執務室に選んだのはハリマンであったことは、今となっては周知の通りである。

ナショナルトレーニング研究所では、企業の幹部がストレスのかかる状況やその対処法について研修を受けました。NTCにタビストックの研修を受けに来た企業には、ウェスティングハウス、B.F.グッドリッチ、アルコア、ハリバートン、BP、シェル、モービル・エクソン・エリ・リリー、デュポン、ニューヨーク証券取引所、アーチャー・ダニエルズ・ミドランド、シェル・オイルがあります。モービル・オイル、コノコ、ネスレ、AT&T、IBM、マイクロソフト。さらに悪いことに、アメリカ政府は、アメリカ海軍、アメリカ国務省、公務員委員会、空軍から幹部を送り込んできた。ハリマン不動産のアーデンハウスで、タヴィストックがこれらの政府職員に施した「教育」の費用は、何百万ドルという皆さんの税金で賄われているのだ。

第27章

米国を第二次世界大戦に導いたタヴィストック式

彼らのトレーニングで最も重要なのは、公共政策がタヴィストックの目的に沿っていることを確認するために世論調査を行うことでしょう。この心を変える技術を「オピニオン・ポーリング」と呼ぶ。

タヴィストックの大規模なプロファイリングによって可能になった不適切な対応が、湾岸戦争では完璧なまでに機能したのである。

何の争いもない友好国との戦争にこの国を引きずり込むことに反抗する代わりに、議会による適切な宣戦布告なしに始まった戦争に、私たちは賛成に「転向」したのだ。要するに、1946年以来、アメリカ国民が受けてきた「長期的な内部条件付け」によって、我々は知らず知らずのうちに深刻な誤解をしてきたのである。

タヴィストックはブッシュ長老大統領に次のような単純な公式を使うように助言した。1941年、ルーズベルトがアメリカを第二次世界大戦に引きずり込む準備をしていたとき、リースとルインがアレン・ダレスに求めたものである。

(1) 対象国のモラルはどうなっているか、またその推移はどうか（これは米国でのモラルにも当てはまる）。

(2) ペルシャ湾での戦争が必要だという考えに対して、アメリカはどの程度敏感なのでしょうか。

(3) ペルシャ湾での戦争に対するアメリカの反対を弱めるために、どのようなテクニックが考えられるか。

(4) イラク人の士気を下げるには、どんな心理戦の手法が有効なのか（ここがタヴィストックの失敗のポイント）。

ブッシュがエリザベス女王と石油会社BPのためにサッチャー首相の1991年の湾岸戦争にコミットすると、タヴィストックは心理学者、ヒル・アンド・ノールトンの図々しい嘘つきが率いる世論形成者、そしてタヴィストックのプロファイラーたちを集めたチームを結成しました。ブッシュ大統領がイラク戦争を推進するために行った演説は、いずれもタヴィストックで訓練を受けた複数の分野のライターが執筆したものです。

湾岸戦争がどのように宣伝され、ジョージ・ブッシュ大統領がこの悪質で腐敗した戦争の背後にあるアメリカ国民をどのように揺さぶったかに関する極秘情報が、最近、議会の委員会に公開された。報告書によると、イラク排除計画の早い段階で、ブッシュ政権は国民の支持が最重要であると言われ、アメリカ国民の支持を得ていなかったという。

最初のルールは、「狂人の指導によるイラクの侵攻によって脅かされるサウジの油田を守ることが非常に必要である」ということをアメリカ国民の心に定着させることであった。このように、イラクにサウジアラビアの油田を攻撃する意図がないことは当初からわかっていたにもかかわらず、国家安全保障局（NSA）は、サウジアラビアの油田がイラクの最終目標であるという誤った、誤解を招く情報を流布してしまった。これは全くの捏造だが、これが成功の鍵だった。国家安全保障局は、その欺瞞的な行為に対して制裁を受けることはなかった。

この報告書では、戦争に対する国民の支持を得るためには、前例のないテレビ報道が必要であるとしている。ブッシュ政権は早くからABC、CBS、NBCの三大ネットワーク、それにCNNの全面的な協力を取り付けた。その後、事実上のプロパガンダ局であるFox News（通称Faux News）が追加された。これらのネットワークによる湾岸戦争とその関連問題の報道は、1990年までに1989年に報道された他の問題の3倍、戦争が始まると天安門を含む他の問題の5倍となった。

2003年、ブッシュJr.は、父親が成功した方式を踏襲しつつ、いくつかの改良を加えた。フィクション混じりのニュース（H.G.ウェルズの「宇宙戦争」の項参照）は、よりフィクション混じりのニュースになり、あからさまな嘘が使われるようになり、真っ当な報道とフィクション混じりのニュースの区別がつかなくなった。

戦争報道の主役のひとりはCNNで、ブッシュ政権と契約して湾岸戦争を24時間アメリカの居間に持ち込んだ。好意的で偏ったニュースが大量に流れたおかげで、湾岸への軍隊派遣は約9割のアメリカ人に歓迎された。それは、アメリカ国民を世論調査し、洗脳するための別の方法であった。

国家安全保障局（NSA）のアドバイザーは、ブッシュ政権に対して、湾岸戦争の計画について、当初から国民を説得する必要があると述べていた。サダム・フセインを止めなければならない」という言葉を何度も繰り返し、その後にイラクの大統領が「ヒトラーのように振る舞う」というウソを並べることで、ヒトラーとフセインを並列化することにしたのである。

その後、イラクが長距離大量破壊兵器でアメリカを攻撃する能力を持っているという恐ろしい脅威が加わった。

これは、スターリンの「自国民を捕らえて奴隷にするには、まず彼らを恐怖に陥れなければならない」という勅令を翻案したものである。

イギリスのブレア首相は、さらに踏み込んだことを言った。彼は議会で、「サダム・フセイン」は英国を攻撃する能力を持っており、45分で攻撃できる、と英国人に話した。イラクがキプロスに対して核攻撃の準備をしていることをイギリスの情報機関が突き止めたので、キプロスで休暇中のイギリス人観光客に一刻も早くイギリスに帰るように警告したほどである。ブレアは、イラクの核兵器計画が1991年に完全に破壊されたことを十分承知した上で、発表を行った。

湾岸戦争の必要性を伝える第一次ブッシュ政権の「技量」は、ヒルとノールトンがでっち上げ、ワシントンのクウェート大使の娘が涙ながらに語った「インキュベーター」物語で頂点に達した。上院は、そして国全体が、この巨大な詐欺を受け入れたのである。

カイザー・ウィルヘルム2世は、「ベルギーの幼い子供の腕を切り落とす」ことに回帰し、さらに大きな成功を収めた。Hill and Knowltonの「大嘘」の後、世論調査を受けたアメリカ人の65%がイラクが地図上のどこにあるのかさえ知らなかったにもかかわらず、77%がイラクに対するアメリカ軍の行使を承認すると答えたのです。

すべての主要な世論調査で、ブッシュの憲法違反が承認されたのは、回答者が憲法上の宣戦布告とは何か、拘束力があることを知らなかったからである。国連が果たした役割は、ブッシュ政権の「コミュニケーション能力」を強化したという。

第二次ブッシュ政権も同じタビストック方式を使い、またもやアメリカ国民は嘘と歪曲を事実として受け入れた。戦争は、チェイニー副大統領によって精力的に推進され、世論をジョージ・ブッシュの味方につけるための大規模なキャンペーンが行われた。米国の歴史上、これほど積極的に米国民をイラク戦争に追い込んだ副大統領は他にいない。

チェイニーは1ヶ月の間に15回もテレビに出演し、ニューヨークの世界貿易センタービルへの攻撃の背後にタリバンがいること、タリバンはフセイン大統領の支配下にあることをズバリ言い当てたのだ。テロとの戦いは、彼らが再び米国を攻撃する前に、イラクの「テロリスト」に対して行われなければならなかった」とチェイニーは言った。

チェイニーは、自分の主張が完全に嘘であることが証明された後も、同じようなことを続けた。世界の権威が「イラクは9・11と無関係」「イラクにタリバンの戦闘員はいない」と発表したにもかかわらず、チェイニーは嘘をつき続けた。元国連兵器査察官チーフのハンス・ブリックスが彼を切り捨て、中央情報局が米上院に「イラクとタリバンと9・11の間に関連性は見いだせなかった」と報告するまでである。

実際、CIAの報告書によれば、フセインはタリバンを嫌い、何年も前にイラクから追い出していた。私たちは、アメリカ国民が、次に大統領が戦争に巻き込もうとするときに、それほど騙されないように願って、この情報を公表している。また、アメリカ国民には、多くの問題で常に誤解を与えている外国のシンクタンクによって、重大な誤解を与えていることを知っていただきたいと思います。

これらの問題のいくつかを見て、アメリカ国民が二度と巧妙な「コミュニケーター」に騙されることがないように願ってみよう。

アメリカ国民は、5つの大きな戦争について重大な誤解をしてきた。それは、どの国にとっても十分なことであるはずだ。しかし残念ながら、米英軍機によるイラクとセルビアへのノンストップの爆撃は、アメリカ国民が湾岸戦争とその始まりから何も学んでいないこと、そして最も非難されるべき方法で嘘をつき、操作されていることを示した。

第二次湾岸戦争は、タヴィストックの手法が今でも有効であることを十分に証明した。ブッシュ政権は、たとえそれが発覚しても、アメリカ国民が永久に「ショック」状態に陥り、国家にとって非常に深刻な事態であることに関心を持たないように、その神秘化は単に無視されることを知りながら、露骨な嘘に頼ったほどであった。

タヴィストックとその多くの関連機関が、国、キリスト教右派、議会、情報機関、国務省、さらには大統領や軍上層部にまで及んでいる締め付けに対して、何ができるのだろうか。前にも言ったように、主な問題は、自分たちと国に起こっていることが、自分たちの手に負えない状況による「時代の変化」のケースではなく、慎重に練られた陰謀であり、単なる「陰謀」論ではなく、私たち全員の未来に対する真の脅威であると、大勢のアメリカ人に納得させることである。

私たちは国を目覚めさせることができますが、それは草の根レベルで総力を挙げて努力することが必要です。この問題の解決は、アメリカ人を教育し、統一的な行動をとることにある。

シークレットハンドラーが何をしているのか、さらに重要なことは、彼らがどのように、そしてなぜそれをするのか、何百万人もの人々に教育することが不可欠です。そのためには、早急な憲法上の措置が必要である。草の根運動を展開できるパワーと資金力を持った有力な市民はたくさんいる。私たちが望んでいないのは、第三の政党です。

正しく教育され、協調した人々の運動が、国を喉から手が出るほど欲しい暗黒の悪の力から国を取り戻す唯一の方法である（少なくとも私はそう考える）。タヴィストック研究所が得意とする外国勢力が、建国の父たちによって構成されたアメリカの破壊を目論んでいるのだ。

このタヴィストック研究所に関する研究も、読者にとって初めて名前を聞くような大きな組織に関する私のシリーズの「第1弾」である。タヴィストックはアメリカで最も重要な神経センターであり、1946年に北米で活動を開始して以来、私たちの生活のあらゆる面を毒し、徐々に悪い方向へと変えてきたのだ。

タヴィストックは、アメリカの政策や世界の出来事の形成に主導的な役割を果たし、今もなお、その役割を担っている。ここは間違いなく、世界中のマインドコントロールとコンディショニング・センターの母体である。米国では、時事問題に対してかなりの支配力を持ち、スタンフォード研究所、エサレン研究所、ウォートン・スクール、MIT、ハドソン研究所、ヘリテージ財団、ジョージタウン大学などの米国のシンクタンクの方向性に直接影響を与え、最も直接的には、ホワイトハウスと国務省にその影響力を及ぼしています。タヴィストックは、米国の内政・外交政策の展開に大きな影響を及ぼしている。

タヴィストックは、黒人の貴族と、一つの世界政府の中で新世界秩序を促進することに専念する人々のための研究センターである。

タヴィストックはローマクラブ、CFR、三極委員会、ジャーマン・マーシャル・ファンド、モン・ペレラン協会、ディッチリー・グループ、フリーメーソン支配ロッジ・クアトル・コロナティ、国際決済銀行のために働いています。

第28章

タヴィストックが健康な人を病気にする方法

タヴィストックの歴史は、1921年に創設者であるジョン・ローリングス・リース准将から始まる。タヴィストックの集団「洗脳」法を開発したのはリースである。タヴィストックは、英国秘密情報局（SIS）の研究機関として設立された。

そして、ソ連、北ベトナム、中国、ベトナムに、リースの技術を応用する方法、つまり個人や大衆を洗脳する方法について知りたかったことをすべて教えたのが、リースとタヴィストックであった。

リースは、アメリカの公共政策制度の形成に大きな役割を果たした故マーガレット・ミードやその夫グレゴリー・ベイトソンの側近であった。また、シオニストとして活動し、ドイツから追放されたクルト・ルインとも親交があった。ルインは、NSDAPがドイツを支配することが明らかになったとき、ドイツから逃亡した。ルインは1932年、タヴィストックの所長に就任した。第二次世界大戦への参戦に向け、アメリカ国民の心の準備に大きな役割を果たした。ルインは、人類が知る限り最大の宣伝装置を組織し、全ドイツ国民に向けた責任者であった。ルウィンの機械は、ドイツに対する憎悪の風潮を作り出すことによって、アメリカの世論を戦争に賛成するように仕向ける役割を担っていた。リース方式が成功した理由は何ですか？基本的には、こんな感じでした。精神科の患者を治療するのと同じ心理療法を、逆に応用することができるのです。

また、健康な人を精神的に病ませることにも利用できる。リースは、1930年代から英国陸軍の新兵をモルモットにして、長い間実験を続けてきた。そこから、リースは大衆洗脳のテクニックを完成させ、それを自分が約束した国々に適用したのである。そのひとつが、現在もタヴィストックが力を入れているアメリカである。リースは、1946年に彼の行動修正技術をアメリカ国民に適用し始めた。リースがアメリカにもたらす極度の脅威を理解している人は、ほとんどいないでしょう。

英国陸軍の心理戦局は、チャーチルが首相になるずっと前に、チャーチルとの密約によってタヴィストックに作られたものである。これらの協定は、通称SOEと呼ばれる英国特殊作戦実行部隊に米軍の政策を完全に支配させ、民間のルートで行動し、必ず米国政府の公式政策になった。

この協定は、設立当時と同様、今日も愛国心の強いアメリカ人には受け入れがたいものとして、しっかりと残っている。アイゼンハワー将軍が、「軍産複合体」の手に蓄積された権力について歴史的な警告を発したのは、この協定を発見したためであった。

アメリカの政治、社会、宗教、経済の日常生活におけるタヴィストックの影響を理解するために、次のようなアメリカの制度の創設に携わったのが、副官であったカート・ルインであることを説明しよう。その多くは、アメリカの外交および地域政策に大きな変化をもたらすことになったのだ。

- ハーバード・サイコロジカル・クリニック
- マサチューセッツ工科大学（MIT）。

- ナショナルモラル委員会
- ランド・コーポレーション
- 国防省資源局
- 国立精神・神経医療研究センター
- ナショナル・トレーニング・ラボラトリー
- スタンフォードリサーチセンター
- ウォートン・スクール・オブ・エコノミクス
- ニューヨーク市警
- FBI
- CIA
- ランド研究所

ルインは、エサレン、ランド・コーポレーション、米空軍、海軍、統合参謀本部、国務省など、これらの機関や非常に権威のある研究機関の主要な人材の選定を担当した。その後、タヴィストックは、ウィスコンシン州とミシガン州でELF気象改変施設を運営するために選ばれた人々に、ロシアのコラ半島から運営されているものから身を守るように仕向けました。

スタンフォードやランドといった機関を通じて、悪名高い「MKウルトラ」プロジェクト[10]
が誕生したのである。「MKウルトラ」は、オルダス・ハクスリーや「原爆禁止」運動の第一人者であるバートランド・ラッセル（300人委員会の最も著名な政治家）の指示の下、CIAのために、またCIAのために行われた、LSDやその他の「精神に作用する」薬物を使った20年にわた

[10]*MK*
儀式的虐待とマインド・コントロール、アレクサンドル・ルブロン、オムニア・ヴェリタス社 www.omnia-veritas.com, NDを 参照。

る実験であった。

第二次湾岸戦争では、タヴィストックの訓練を受けたエージェントが、イラクのアブグレイブ刑務所とキューバのグアンタナモ湾に収容されていたイスラム教徒の囚人から「情報」を引き出すために、組織的な拷問を行う方法をアメリカのミラー将軍に教え、それが明らかになると世界に衝撃と嫌悪を与えた。ルイン、ハックスレー、ラッセルは、これらの薬物や類似の精神コントロールや気分転換の薬物によって、アメリカの若者に計り知れないダメージを与えることができたのだ。スタンフォード研究所、マギル大学、ベセスダ海軍病院、アメリカ陸軍など、全国各地で恐ろしい薬物実験が行われたのだ。

1950年代から60年代にかけて、「ニューエイジ」あるいは「水瓶座の時代」と呼ばれる若者たちの間で起こった運動が、タヴィストックによって監修されたプログラムであったことは、繰り返し述べておくべきことである。自然発生的なものは何もなかった。ヌードは女性を卑下するための措置と歩調を合わせて導入された。

2005年、「新しい」流行は「ヒップホップ」と呼ばれる、主にアメリカの都市郊外の貧困層の子供たちが遊ぶダンスゲームの一種であった。それがタヴィストック社に引き継がれ、その専門家が「音楽と歌詞」を書くという独自の産業になり、レコード会社の最高の利益源の1つになるまでになっていた。

リースの手法は、アルダス・ハクスリー、バートランド・ラッセル、アーノルド・トインビー、アリスター・クロウリーらも追随した。ラッセルは、タヴィストックの手法を巧みに利用し、アメリカの核実験に反対する「原爆禁止」運動を展開した。タヴィストックの「シンクタンク」は、アメリカ政府から多額の資金援助を受けていたのである。これらの機関では、国民を大量に条件づけする研究実験が行われています。CND運動は、ハクスリーがイギリスの若者たちに麻薬をばらまくための隠れ蓑だった。

この実験では、アメリカ国民が世界のどの国民集団よりも標的にされている。1969年と2004年に私が明らかにしたように、1946年以来、アメリカ政府は「秘密工作」とも言えるプロジェクトに何十億ドルも注ぎ込んできた。つまり、実験的なプログラムは、疑いを持たないアメリカ国民がこれらの贅沢な政府支出に対して抗議を起こさないように、別の名前やタイトルで紹介されているのだ。

このようなタヴィストックの経験では、アメリカの生活様式、習慣、伝統、歴史のあらゆる側面が、変革の対象となりうるかどうかが検討されるのです。アメリカのタヴィストック研究所では、私たちの心理的、生理的生活のあらゆる側面が常に検討されています。

変化の代理人」は、我々の生活様式を変えるためにたゆまぬ努力を続け、その変化を単に我々が適応しなければならない「時代の変化」であるかのように見せている。政治、宗教、音楽、ニュースの作り方や伝え方、女性らしさを排除したアメリカ人女性読者が圧倒的に多いニュース読者の配信スタイル、ブッシュ氏のスピーチのスタイルと配信（短く、スタッカートな文章）、そして「女性らしい」という言葉の使用など、これらの強制的な変化が見られる。ブッシュの演説のスタイルや伝え方（短い、スタッカートのセンテンス）、顔の歪みや変化の代理人が教える体の動き、歩き方（米海軍スタイル）、政治におけるいわゆるキリスト教原理主義者の台頭、「イズム」への大規模な支持など、数え上げたらきりがないほどです。

これらの実験プログラムの結果、つまり正味の結果が、現在と未来の私たちの暮らし方、国民生活や個人生活におけるストレスの多い状況にどう対応するか、教育、宗教、道徳、経済、政治に関する国民の考えをどう「正しい方向」に導くことができるかを決めるのである。

私たち国民は、タヴィストックの施設で常に研究されてきたし、今も研究されている。私たちは解剖され、プロファイリングされ、心を読まれ、コンピュータのデータベースにデータを入力され、将来予想される衝撃やストレスにどう反応するかを形成し、計画するために。これらはすべて、私たちの同意なしに、またプライバシーに対する憲法上の権利に明確に違反する形で行われています。

これらのプロファイリングの結果や予後は、国家安全保障局、FBI、国防省情報局、統合参謀本部、中央情報局、国家安全保障局などのコンピュータにあるデータベースに入力され、これらのデータが保管されている。

アメリカ国民は、個人への監視が前例のないレベルに達するワン・ワールド政府の到来に備え、内部スパイと外部スパイの境界線が曖昧になりつつある。

このような情報があったからこそ、国民が全国放送で見守る中、FBIは国民から微塵の反応もなく、議会からも驚くほど抗議の声が上がらないまま、デビッド・コレシュとそのデビッド派を排除することができたのである。一挙にテキサスの州の権利が破壊されたのである。ウェイコは、修正条項10条（　）が目の前で破壊されるのを見て、人々がどう反応するかを見るためのテストでした。プロファイルによると、テキサス州と米国の人々は、タヴィストックのプロファイルに書かれているとおりに行動しました。彼らは、虐殺に導くユダの山羊が群れのまわりを回っているのに、平和的に草を食べている羊のように行動したのです。

今起きていること、そして今現在も起きていることは、カーターの国家安全保障アドバイザーであったズビグニュー・ブレジンスキーが1970年に出版*したニューエイジの本『テクノクラート時代』*で予言していたことである。彼が予言したことが目の前で起こっているのに、その不吉で致命的な性質が人々に理解されていない。ブレジンスキーが1970年に予言したことが現実となった。この本があれば読んでみてください。そして、私がしたように、1970年以降に起こった出来事と*『テクノトロニック・エイジ』*で語られていることを比較してみることをお勧めします。ブレジンスキーの予測の的中率には驚かされるばかりでなく、むしろ恐怖を覚えるほどだ。

それでもまだ懐疑的な人は、MI6出身の元英国諜報部員ジョージ・オーウェルの「*1984」を読んでみてください*。オーウェルは、この驚くべき事実を、英国の国家機密法に基づく訴追を避けるために、フィクションの形で書かざるを得なかった。オーウェルの「ノヴランゲージ」は今やどこにでもあり、彼が予言したように、何の反対もされない。

読者はオーウェルがロシアを描いていると思ったが、彼はボルシェビキ体制よりはるかに悪い体制、イギリスの新世界秩序政府の到来を予言していたのである。

ブレア政権によって可決された法律を見れば、自由が打ち砕かれ、政治的異論が潰され、マグナ・カルタは焼き払われ、不吉な読み物となる一連の強権的な法律が取って代わったことがわかる。昔から「今日のイングランドが行くところ、明日はアメリカが行くだろう」と言われている。

好むと好まざるとにかかわらず、ブレジンスキーは、われわれ国民にはもはやプライバシーを守る権利はないだろう、われわれの生活のあらゆる細部が政府に知られ、データバンクから瞬時に呼び出すことができるだろう、と予言した。2000年までには、市民はかつてないほど政府のコントロール下に置かれることになるだろうと。

2005年の今日、私たちは数年前には想像もできなかったような方法で常に監視されています。巨大な国家に対する私たちの最高の保護である憲法修正第4条は踏みにじられ、10
修正条項はもはや存在しません。このすべてはリースとタヴィストック研究所を支配する社会科学者の仕事によって可能になったのです。

1969年、300人委員会の命令で、タヴィストックはローマクラブを創設した。1969年の私のモノグラフで初めて報告したとおりである。そして、ローマクラブは、政治同盟として北大西洋条約機構（NATO）を創設した。

1999年、私たちはNATOの真実を知った。NATOは、加盟国によって軍事的に支援されている政治的存在である。Tavistockは、NATOの設立当初から主要な人材を提供しており、現在も継続しています。NATOの重要な政策はすべて彼らが書いている。つまり、タヴィストックがNATOをコントロールしているのです。

その証拠に、NATOはジュネーブ4条約、ハーグ条約、ニュルンベルク議定書、国連憲章に違反したにもかかわらず、セルビアを72日間昼夜爆撃し、逃げ切ることができたのである。この野蛮な行為に対して、アメリカやイギリスの人々から何の反発もなかった。

もちろん、これはすべてタヴィストックのデータバンクであらかじめ決まっていたことである。彼らは、原爆投下に対して大衆がどのように反応するか、しないかを正確に知っていたのである。もし、国民の反応を事前に不利に判断していたら、セルビアへの空爆はなかっただろう。

2002年にラムズフェルドが行った悪名高い「衝撃と畏怖」の戦術であるバグダッドへの巡航ミサイルと爆弾の雨に対する国民の反応を測るために使われたのも、まさに同じタヴィストック研究であった。このような大規模な野蛮な行動が許されたのは、大統領とその部下が、アメリカ国民から何の反発も受けないことを事前に知っていたからだ。

ローマクラブもNATOも、アメリカ政府の外交政策決定に大きな影響力を持ち、今日もなお、クリントン政権によるセルビアへの無謀な攻撃、ブッシュ政権によるイラクへの攻撃に見られるように、その影響力を持ち続けているのだ。タヴィストックによるアメリカ国内での支配の例は、歴史上他にもある。

第二次世界大戦が勃発したとき、アメリカはタヴィストック研究所によって、あらかじめ計画された最も大規模な洗脳キャンペーンにさらされたのである。

そうすれば、アメリカは自分たちには関係のない戦争にスムーズに参戦できる道を開き、それに反対する人たちの口も塞ぐことができる。ルーズベルトの名演説はすべて、タヴィストックのマインドコントロール技術者たち、その多くはフェビアン協会出身者によって構成されていた。

アメリカ人は、戦争はドイツが始めたこと、世界平和に対するドイツの危険はボルシェビズムの脅威よりはるかに大きいことを知らされた。アメリカのタヴィストック研究所で働く多くの社会科学者が、アメリカの戦争参戦が進むべき道であることをアメリカ国民に説得するための指導者として選ばれたのである。しかし、日本が真珠湾攻撃で「最初の一発を撃たざるを得なくなる」まで、その成功はなかった。

第29章

トポロジカル心理学が米国をイラク戦争に導く

タヴィストックの施設で標準的に使われているクルト・ルーインのトポロジカル心理学を、その方法論を学ぶために派遣された選ばれたアメリカの科学者に教え、そのグループはアメリカに戻り、戦争の仕掛け人であるイギリスを支持することが我々の最善の利益であるとアメリカ人に信じさせるキャンペーンの指揮をとった。トポロジカル心理学は、個人であれ集団であれ、行動変容を誘発する最も高度な方法であることに変わりはない。

残念ながら、トポロジカル心理学はメディアによってあまりにもうまく利用され、イラクでイギリスが作り出した状況にアメリカを突入させたが、これも我々が関与する必要のない戦争であった。この国を動かしているプロの嘘つき、メディアの売春婦、新世界秩序の一つの世界政府の反逆の「スポークスマン」は、イラクを攻撃すべきではないと言う人々に対して、正確な位相幾何学的心理学を利用した。

ブッシュ、ベーカー、ヘイグ、ラムズフェルド、ライス、パウエル、マイヤーズ将軍、チェイニー、そしておべっかを使って彼らに屈服した国会議員たちは、イラクのサダム・フセイン大統領は怪物で悪人、独裁者で世界平和への脅威であり、権力から排除されなければならない、とアメリカ国民に信じ込ませたのだ、イラクがアメリカに損害を与えたことは一度もないのに、だが。フセインがひどいことをしたという主張が本当なら、同じことがウィルソンやルーズベルトにも言えるはずで、それを100万倍に拡大したのがこの国である。

アメリカ憲法に対するタヴィストックの戦争は、国際法やニュルンベルク議定書に違反することは言うまでもなく、憲法がそのような行動を明確に禁じているにもかかわらず、アメリカがイラクを攻撃してその指導者を排除する権利があると信じるほど、アメリカ国民を完全に麻痺させました。以前から言っているように、アメリカ国民が炎症を起こすには「でっち上げられた状況」が必要なのだ。

第一次世界大戦では、カイザーが行った「残虐行為」である。第二次世界大戦では真珠湾攻撃、韓国では北朝鮮のアメリカ海軍に対する「幻の魚雷艇」攻撃があったが、それは起こらなかった。

イラクでは、4月のグラスピーの欺瞞と嘘であった。セルビアでは、自国の経済的惨状から逃れるためにセルビアに集まってくる不法滞在のアルバニア系外国人の「迫害」を疑うオルブライト夫人の「懸念」が、彼女のセルビアに対する独善的な聖戦の口実とされたのである。

タヴィストックは、不法滞在のアルバニア人を「コソボ人」と呼ぶことにしたのだ。もちろん、プロファイリングされプログラムされたアメリカ国民は、セルビアが正当な理由もなく、アメリカに損害を与えたこともないのに、76日昼夜にわたって無慈悲な爆撃を受けたときも、異議を唱えなかった。

平和に対する真の危険は、中東諸国に対する私たちの一方的な政策と、社会主義政府に対する私たちの態度にあります。第二次世界大戦開戦時の国旗を中心にした結集の呼びかけは、純粋なリースのトポロジー心理学だった。そしてこれは、湾岸戦争、朝鮮戦争、イラク（2回）、セルビアで繰り返された。

すぐにまた北朝鮮になる。米国は25年以上にわたってこの国を迫害してきた。しかし今回は、北朝鮮が米国の都市に核爆弾を落とそうとしているという言い訳をするのだろう。これらの戦争すべてにおいて、アメリカ国民は、「愛国心」を口実にしたタヴィストックの洗脳の大音響に屈し、大量の恐怖を伴って、日夜打ち鳴らされてきたのだ。アメリカ人は、ドイツは世界を支配しようとする「悪者」であるという神話を信じ、ボルシェビズムの脅威を否定していたのだ。

ドイツ戦では2度、熱狂的な支持を得た。私たちは、自分が洗脳され、操作され、コントロールされていることを知らなかったので、マインドコントローラーの言うことを信じてしまったのです。そうやって私たちの息子たちは、アメリカのものではない大義のために、ヨーロッパの戦場で死ぬために送られたのです。

ドイツとの和平協定を成功させたネヴィル・チェンバレンを追放し、イギリスの首相に就任したウィンストン・チャーチルは、国際法尊重の大御所として、戦争中の文明的行動を規定する国際法を破り始めた。

タヴィストック理論家リチャード・クロスマン＝ウィンストンの助言により、チャーチルはタヴィストックプランを採用し、民間人へのテロ爆撃を行った。(イラクやセルビアでも同じような政策が実施されることになった)

。

チャーチルはイギリス空軍（RAF）にドイツの小さな町フライベルクを爆撃するよう命じた。フライベルクは、ドイツとイギリスが文書による協定で合意した「開かれた無防備な町」で、そのリストにある町であったが、爆撃されることはなかった。

1940年2月27日火曜日の午後、イギリス空軍の「モスキート」爆撃機がフライベルクを空襲し、校庭で遊んでいた27人の子供を含む300人の民間人が死亡した。

タヴィストックにヒントを得たプルデンシャル爆撃は、ドイツ人労働者の住宅と民間インフラにのみ照準を合わせた悪名高いものであった。タヴィストックは、ドイツの労働者住宅の65%を破壊するという目標を達成すれば、この大規模なテロ爆撃でドイツを屈服させることができるとチャーチルに保証した。

チャーチルがドイツに対してテロ爆撃を行ったことは戦争犯罪であり、今も戦争犯罪である。チャーチルは戦争犯罪人であり、人類に対する恐ろしい犯罪のために裁判にかけられるべきでした。

フランスと協議せずにドイツのフライベルクを爆撃したことは、第二次世界大戦における最初の文明的行動からの逸脱であり、その後のドイツの空襲の責任はすべてイギリス政府が負うことになった。チャーチルのテロ戦術は、1999年3月に始まったイラク、セルビア、イラク再征服、アフガニスタンへの無申告戦争で、チャーチルの無慈悲さをそのまま米国が踏襲したのであった。

ドイツへの憎悪はとどまるところを知らず、民間住宅へのテロ爆撃政策を展開したクルト・ルイン。ルインは戦略爆撃調査の「父」であり、ドイツ人労働者の家の65%を破壊し、できるだけ多くのドイツ民間人を無差別に殺害することを意図的に計画したのである。

ドイツ軍の犠牲者は、「ボンバー」ハリスと、ドイツ人労働者の住宅を夜毎に襲うRAF重爆撃機による民間人の損失がはるかに上回った。これは、常に罰せられないできた重大な戦争犯罪である。

これは、ドイツがこのテロ攻撃を始めたというタヴィストックのプロパガンダを裏切るものである。実際には、8

週間にわたるベルリンへのテロ空襲で、民家や非軍事目標に大きな被害を与え、数千人の民間人の命を奪った後、ドイツ空軍はロンドンへの攻撃で報復したのであった。ドイツの報復は、ヒトラーがチャーチルに直接、合意の破棄を止めるよう数え切れないほど訴えたが、「偉い人」が無視した後に初めて行われた。

嘘の名人、完璧な嘘つきであるチャーチルは、ルウィンの協力と指示により、ドイツが意図的な政策として民間人への爆撃を始めたと世界を説得することに成功したが、これまで見てきたように、それを始めたのはチャーチルであった。英国陸軍省とRAFの文書には、このような立場が反映されている。空軍がドイツの都市に与えた被害と比べれば、ドイツ空軍がロンドンに与えた被害は比較的軽微であったが、そのことは世界に知られることはなかった。

チャーチルは顎を突き出し、葉巻を歯に挟んで瓦礫の上を歩き、まさに反抗の象徴だったのだ！世界はドイツの空襲で被害を受けたロンドンのほんの一部しか見ていないのだ。タヴィストックは、このようなイベントを演出することを、いかにうまく教えてくれたことだろう。(ジョージ・ブッシュはチャーチルから「訓練」を受けたようである）。

チャーチルの「ブルドッグ」キャラは、タヴィストックが作った。彼の本当の姿は、決して明らかにされなかった。フライベルクの無慈悲な爆撃は、無慈悲で野蛮で非キリスト教的で非人間的なドレスデンへの爆撃の影で、広島への原爆攻撃よりも多くの人々を殺した。

ドレスデン爆撃とそのタイミングは、「偉大なる人物」がタヴィストックと相談して、「衝撃」を与え、友人であるヨシフ・スターリンに印象づけるための冷徹な判断であった。また、四旬節に行われる予定だったキリスト教への直接攻撃でもあった。

ルウィンが選んだ標的であるドレスデンを大火災で爆撃することには、軍事的にも戦略的にも何の理由もなかった。私の考えでは、四旬節を祝っている最中に、東方からロシアの猛攻を逃れてきたドイツの民間人難民でごった返していたドレスデンへの焼夷弾爆撃は、史上最も凶悪な戦争犯罪である。しかし、イギリス人とアメリカ人は注意深くプログラムされ、条件づけられ、洗脳されていたため、抗議の声はささやかれることはなかった。戦争犯罪人である「爆撃手」ハリス、チャーチル、ルイン、ルーズベルトは、この人類に対する恐ろしい犯罪から逃げ出したのです。

2005年5月5日、ベルリンを公式訪問したロシアのプーチン大統領は、ドイツのゲルハルト・シュローダー首相と共同会見を行った。彼はドイツの新聞*Beeld*に、ドレスデン爆撃を含む第二次世界大戦の惨禍について連合軍は免責されないと述べた。

> "西側の同盟国は特に人道的ではなかった
> "と。"ドレスデン
> "がなぜ破壊されたのか、今でもよく分からない。軍事的な理由はなかった"

おそらくロシアの指導者は、恐ろしい爆撃を命じたタヴィストックとプルデンシャル爆撃の調査について知らなかったのだろうが、きっと本書の読者は、この野蛮で恐ろしい残虐行為がなぜ行われたのかを知ることになる。

リースとタヴィストックでの彼の初期の仕事に戻ろう。8万人の英国陸軍兵士に対する洗脳実験に関わる。リースは、この5年間の「再プログラム」の後、精神的に安定した人々を病気にする彼のシステムは、どんな大衆集団にも有効であると確信した。リースは、大衆が望むと望まざるとにかかわらず、また被害者が自分の心に何をされたかを自覚することなく、「治療」を施すことができると確信していた。という質問に対して、リースは「被験者の許可を得てから実験する必要はない」と答えた。

リースとその教祖たちが編み出した手口は、効果的であることが証明された。リース・ルーイン式マインド・マニピュレーションは、非常に有効であることが証明され、2005年の今日でもアメリカで広く使われている。私たちは操作され、私たちの意見は私たちのために作られ、すべては私たちの許可なしに行われているのです。この行動変容の目的は何だったのでしょうか？それは、私たちの生活様式を、私たちの同意もなく、何が起こっているのかさえも意識することなく、強制的に変更することでした。

リースは、優秀な学生の中から、彼が「私のファースト・チーム」と呼ぶ、「見えない大学卒業生」の第一陣、すなわち、英国情報部、陸軍、議会、そして後にはSHAEF（連合国遠征軍最高司令部）の要職に就く「ショック部隊」を選んだのだ。

そして、「一軍卒」は、アイゼンハワー将軍を完全にコントロールし、彼らの傀儡となった。一軍の卒業生」は、アメリカのあらゆる意思決定機関に挿入された。

卒業生の第一陣」がアメリカの政治的決断を下したのである。自らを「シークレット・チーム」と呼ぶ彼らは、大統領の公開処刑を担当した。秘密部隊」と呼ばれた彼らは、未来の大統領たちに「オリンピアン」から受け取った指令にすべて従うことを示すために、ジョン・F・ケネディ大統領をアメリカと世界の前で公開処刑する役割を担っていたのである。キッシンジャーは、アメリカ政府、O.S.S.、FBIの中で権威ある地位に就いた多くの「第一陣卒業生」の一人である。

カナダ人のルイス・モーティマー・ブルームフィールド少佐は、第二次世界大戦中、FBIの防諜部門第五課の責任者であった。英国では、議会はもちろん、情報機関、英国国教会、外務省、陸軍省などの要職に「第一陣卒業生」を配置したのは、H・V・ディックスである。

タヴィストックは、あらゆる設備を駆使して、平時に戦時の実験を行うことができ、その経験を通じて、アメリカやイギリスの軍や情報機関への支配を強めていった。

アメリカでは、タヴィストックの不吉な体験が、アメリカの生活様式を、完全に、そして永遠に変えてしまった。この真実が大多数の市民によって認識され、タヴィストックが私たちの日常生活に及ぼしている支配の大きさを理解したとき、私たちが永久にショックを受け続ける自動人形になっていないのであれば、そのとき初めて私たちは自分自身を守ることができるのです。

1942年になると、英米の軍と諜報機関の指揮系統は、もはや分離・区別が不可能なほどに絡み合っていたのである。

その結果、多くの奇妙で奇怪な政策が政府によってとられた。そのほとんどは、合衆国憲法と権利章典に直接反し、議会で選ばれた代表者が表明した我々国民の願いに逆らうものであった。つまり、私たちが選んだ代表者は、政府のコントロールを失っていたのだ。ウィンストン・チャーチルはこれを「特別な関係」と呼んだ。

第二次世界大戦末期、英米の政治・軍事の高官を厳選してプロファイリングし、リースが議長を務める会議に招かれた。リースが話した内容は、会議に参加した人の一人が匿名を条件にまとめた秘密のメモから引用されたものだ。

> 「もし、私たちが現代の国家的、社会的問題に率直に取り組もうとするならば、ショック部隊が必要であり、それは完全に施設ベースの精神医学では提供できない。
>
> 精神科医のモバイルチームを編成し、自由に移動して、特定の地域の状況に接触できるようにしなければなりま

> せん。完全に狂った世界では、互いに結びついた精神科医のグループが、政治や政府の全分野に影響を与えることができ、権力の中枢である裁定者となるに違いない。"

何か明確なものはありますか？リースは、社会的、倫理的、法的な制約から解放された、彼の見えない大学の最初のチームを形成するために、連携した精神科医のグループによる無秩序な行動を提唱しました。このチームは、リースと彼のチームの意見では、逆心の「治療」によって病気にする必要がある、精神的に健康な人々のグループが存在する地域に移動することができます。世論調査」の結果が示すように、大衆洗脳に抵抗することに成功したコミュニティは、「健全」であると定義された。

「ファースト・チーム」に続いて、環境保護団体に見られるような「ショック・チーム」が登場することになる。EPAはタヴィストックの「環境への懸念」によって作られた怪物であり、その懸念はタヴィストック自身が生み出し、ショック部隊を通じてEPAに伝わったのだから当然である。

EPAはタヴィストックによって生み出された唯一の生物ではない。中絶や同性愛は、タヴィストックが作り出し、支援した異常な行為です。

タヴィストックによって作られ、支援されたプログラムのために、私たちはアメリカで、道徳的生活や宗教的生活のひどい低下を被った。ロックンロールという異常によって音楽が堕落し、ビートルズによる比較的おとなしい導入の後、ラップやヒップホップによって次第に悪化し、PBSによってメープルソープが堕落した軽蔑対象で押し出されたように芸術が破壊されているのだ。私たちは、麻薬文化の拡散と金の子牛の崇拝の激化を目の当たりにしました。お金に対する渇望は、どの文明においても、この文明ほど強いものはない。

これらは、教育委員会のメンバーになり、教会の指導的役割に入り込んだ「見えない卒業生」によって、私たちの社会に植え付けられたタヴィストック政策の苦い果実である。また、市や州など、自分たちの影響力が及ぶ範囲の政治的重要なポジションにも入り込んでいる。

卒業生」は、労働調停委員会、教育委員会、大学理事会、労働組合、軍隊、教会、通信メディア、娯楽メディア、公務員、そして議会のメンバーとなり、訓練を受けた観察者には、タヴィストックが政府の手綱を握っていることが明らかになる程であった。

リースとタヴィストックの仲間たちは、政府が依存する重要な機関を掌握し、夢にも思わないほどの成功を収めたのである。親である300人委員会は、発足したばかりのローマクラブの歩みを喜んでいるに違いない。

7月4日は無意味になった。もはや祝うべきアメリカの「独立」は存在しない。1776年の勝利は否定され、大きく後退し、米国憲法が新世界秩序を支持して否定されるのは時間の問題である。G.W.ブッシュの在任期間中、このプロセスが加速しているのがわかる。

第30章

選挙における候補者の非選択性

選挙がどのように行われるかを見てみましょう。アメリカ国民は大統領に投票するわけではありません。彼らは、通常300人委員会の完全な支配下にある党選出の役員によって選ばれた党の候補者に投票する。
これは、我々がよく言われるように、自由な選択のもとに候補者に投票するのではない。実は、有権者はあらかじめ選ばれた候補者の中から選ぶしかないのだ。

国民が選択によって投票していると思っている候補者（私たちの選択）は、タヴィストック研究所によって慎重に吟味され、そして私たちは、彼らが高潔であるかのように洗脳されているのです。

こうした印象やサウンドバイトは、タヴィストック大学出身のダニエル・ヤンケロヴィッチ氏が経営するヤンケロヴィッチ、スカーリー、ホワイトといったシンクタンクのスタジオで作られる。タヴィストックに支配された「シンクタンク」が、自分たちの選んだ方法で投票する方法を教えてくれるのです。ヤンケロビッチの登場以来、「プロファイリング」産業は急増し、その数は百五十を超える。ジェームス・アール・カーターとジョージ・ブッシュを例にとると。カーターは比較的無名な状態からホワイトハウスを「獲得」した。メディアの大物たちは、アメリカのシステムが機能していることを証明していると言う。

実際、カーターの選挙で証明されたのは、タヴィストックがこの国を動かしていて、有権者の大半を、ほとんど何も知らない男に投票させることができるということだったのだ。カーター氏に関して、そして後にクリントン氏に関しても、「システムは機能した」と言うことは、まさにタヴィストックが大衆洗脳された人々に期待した不十分な反応であった。

カーターが反映させたのは、有権者があらかじめ選ばれた候補者に投票することだ。まともな人間なら、スカル・アンド・ボーンズのジョージ・ブッシュを副大統領にしたくはなかったはずだが、私たちはブッシュを手に入れた。カーターはどうやってホワイトハウスに行ったのか？こんなことがありました。タヴィストック社内の社会心理学者であるピーター・ボーン博士は、タヴィストックが操れる候補者を見つけることを任務とした。つまり、ボーンはタヴィストックのルールに従って、有権者に売り込むことができる「正しい」候補者を見つけなければならなかったのだ。

ボーン氏は、カーター氏の経歴を知っていて、彼の名前を候補に挙げたのだ。カーターの記録が承認されると、アメリカの有権者は「治療」、つまり、カーターを選んだのは自分たちだと説得する洗脳キャンペーンを持続的に受けることになった。実際、タヴィストックが仕事を終えた頃には、選挙の必要性はなくなっていた。単なる形式的なものになった。カーターの勝利はリースの個人的な勝利であり、ブッシュの勝利はタヴィストック社の方法論の勝利であった。さらに、他の国ではありえないことだが、クリントンがホワイトハウスの候補者として売り出されたことは、大きな成功例となった。

そして、ベトナムへの従軍を避け、リーダーシップの経験もほとんどない、落ち目のビジネスマンであるジョージ・W・ブッシュの売却が決まった。

タビストックも歩み寄らなければならなかったが、それすらも十分とは言えなかった。ブッシュが勝てないと確信した時、アメリカの最高裁判所が州の選挙に違法に介入し、敗者に賞を与えた。

唖然とした（ショックを受けた）有権者は、この大規模な合衆国憲法違反を許し、彼らの未来が新世界秩序-統一共産主義国際独裁世界政府-になることを確実にしてしまったのだ。

リースは、タヴィストック社の拠点整備を進め、優秀なプロファイラーであるドーウィン・カートライトを迎え入れた。彼の専門は、食糧不足に対する住民の反応を測定することであった。その目的は、タヴィストックのルールに従おうとしない集団に対して、食の武器を使うときの経験を積むことです。

国際的な食糧カルテルが、世界の食糧資源の生産と流通を一手に引き受ける。飢饉は戦争の武器であり、気候変動もそうです。タヴィストックは、いざとなったら飢餓という武器を遠慮なく使うだろう。タヴィストック社の拡大を続けるため、リースはロナルド・リッパートを採用した。

リッパートを雇ったタヴィストックが考えていたのは、将来的に幼児から始まる教育のコントロールへの足がかりを得ることであった。リッパートは、若者の心を操る術に長けていた。元OSSのエージェントで、国境を弱める手段としての人種混合を得意とする、高度な理論家である。リッパートは、タヴィストックに落ち着くと、「地域社会の相互関係」と名づけた「シンクタンク」を設立し、人種間の自然な障壁を取り除く方法を研究することから仕事を始めた。

いわゆる「公民権」法案は、純粋にリースとリッパートが作り出したものであり、憲法上の根拠はない。

(いわゆる「市民権」については、「知っておきたいアメリカ憲法のこと」を参照）。

ところで、アメリカ憲法におけるすべての公民権法は、1
4
修正条項に基づいていると言わざるを得ないが、問題は、14条修正条項が一度も批准されていないことである。だから、合衆国憲法には含まれず、それに基づく法律はすべて無効である。実は、憲法には公民権に関する規定がないのです。

リッパートは、連邦憲法に根拠がないにもかかわらず、キング牧師の「公民権」を正当化する根拠を確立した。子供たちを学校から連れ出したのも、リッパート・リース社の洗脳の成功例である。目的地を越えて子供を輸送することは、確かに「権利」ではなかった。市民権」という考えを一般のアメリカ人に売り込むために、3つの「シンクタンク」がつくられた。

- 科学政策研究センター
- 社会調査研究所
- ナショナルトレーニングセンター

リッパート氏は、科学政策研究ユニットを通じて、洗脳された数千人の「卒業生」をアメリカ、西ヨーロッパ（イギリスを含む）、フランス、イタリアの要職に就かせることができたのである。今日、イギリス、フランス、イタリア、ドイツには社会主義政権が存在するが、その基礎はタヴィストックが築いたものである。

アメリカの一流企業の何百人ものトップエグゼクティブが、リッパートの教育機関の一つ、または複数で研修を受けています。ナショナル・トレーニング・ラボラトリーズは、200万人規模の全米教育協会を掌握し、この成功によって、アメリカの学校と大学の教育を完全にコントロールすることに成功したのである。

しかし、おそらくアメリカに対する最も深い影響は、タヴィストックがNASAを支配したことに起因する。その理由の一つは、アナトール・ラパポート博士がローマクラブのために書いたNASAの宇宙計画に関する特別報告書であった。この驚くべきレポートは、1967年5月に開催されたセミナーで発表された。このセミナーには、先進国の企業や政府の上層部から最も慎重に選ばれ、プロファイルされた代表者だけが招待された。

参加者にはフォーリン・ポリシー・インスティテュートのメンバーも含まれ、国務省からはアクエリアン・エイジの陰謀者ズビグニュー・ブレジンスキーがオブザーバーとして派遣された。タヴィストックが管理するシンポジウムは、その最終報告書の中で、NASAの仕事を「不適切」と揶揄し、その宇宙開発計画を直ちに中止するよう提案した。アメリカ政府はこれに応じて資金を削減し、NASAは9年間中断され、その間ソ連の宇宙開発がアメリカに追いつき、追い越されました。

ラパポートのNASAに関する特別報告書は、NASAが「あまりにも多くの熟練者、あまりにも多くの科学者やエンジニア」を輩出しており、彼らはローマクラブが命じたより小さく美しいポスト工業化社会には必要ないだろうと述べている。ラパポートは、高度な技術と訓練を積んだ宇宙科学者やエンジニアを「余分な存在」と呼んだ。そして、タヴィストックの息がかかっていると思われるアメリカ政府は、その資金を絶やした。NASAへの干渉は、英国が米国の内政・外交をいかにコントロールしているかを示す好例である。

タヴィストックの宝庫はコロラド州のアスペン研究所で、長年、シカゴ大学出身のロバート・アンダーソンが指揮をとり、米国での洗脳に卓越した力を発揮している。アスペンの施設は、ローマクラブの北米本部で、王政復古はアメリカにとって非常に良いことだと説いている。

タヴィストック出身のジョン・ネスビットは、アスペンでかなり定期的にセミナーを開き、有力実業家の間で君主制の確立を推進してきた。

ネスビットの教え子の中に、当時すでに大統領候補と目されていたウィリアム・ジェファーソン・クリントンがいた。ネスビットは、アンダーソンと同じように、イギリスの王族に目がくらみ、インチキなエコロジーへの配慮という彼らのカタルシスの教義に従ったのである。

哲学的急進派は、ボゴミールやカタールの信仰をイギリスの社会主義界に導入していたのだ。アンダーソンの弟子には、マーガレット・サッチャーとジョージ・ブッシュがいた。湾岸戦争での彼らの行動は、タヴィストックがその宿題をきちんとこなしていたことを示している。アンダーソンは、騙され、洗脳された「卒業生リーダー」の典型である。専門は、ビジネスリーダーを対象とした環境教育の指導。

環境問題はアンダーソンの得意分野です。アンダーソン氏は、その活動の一部を自らの莫大な資金で賄っているが、エリザベス女王とその夫であるフィリップ殿下をはじめ、世界中から寄付を受けている。アンダーソンは、環境活動家運動「フレンズ・オブ・ザ・アース」や「国連環境会議」を創設した。

アスペンでの仕事に加え、アンダーソン氏はアトランティックリッチフィールドカンパニー-ARCOの社長兼CEOを務めており、同社の取締役会には以下の著名人が名を連ねています。

ジャック・コンウェイ

彼は、United Way Appeal FundやSocialist Internationalのフォード財団の理事を務めたことでよく知られているが、これらはいずれも、可能な限り非米国的なものである。コンウェイは、タヴィストック・ショック部隊を専門とするクリアリングハウス、Center for Changeのディレクターでもある。

フィリップ・ホーリー

反キリスト教、反家族、中絶推進、レズビアン推進、ゲイ推進、麻薬推進の映画を専門に作る「トランスアメリカ」とつながりのあるロサンゼルスの「ホーリー&ヘイル」社の社長である。ホーリーはバンク・オブ・アメリカと関係があり、この銀行は民主制度研究センターという、麻薬使用と麻薬合法化を推進する古典的なタヴィストック洗脳シンクタンクに資金を提供している。

ジョエル・フォート博士

このイギリス人のフォートは、デビッド・アスター閣下、王立国際問題研究所（RIIA）所長のマーク・ターナー卿とともに、ロンドン・オブザーバー紙の役員を務め、その忌まわしいアメリカ人下僕がヘンリー・キッシンジャーである。

英国王立国際問題研究所(RIIA)

姉妹組織として外交問題評議会（CFR）が設立された。アメリカの事実上の中間秘密政府は、300人委員会の執行部である。
1982年5月、キッシンジャーはタヴィストックによるアメリカ支配を誇らしげに宣言した。

この日は、RIIAの会員を対象とした夕食会だった。キッシンジャーは、さすがにタヴィストック出身だけあって、イギリス政府を絶賛していた。ホワイトハウス時代、私はアメリカ国務省よりもイギリス外務省に情報を流していた」と、キッシンジャーは得意のディープボイスで語った。

3つのリッパート研究所に共通するのは、もともとタヴィストックで教えられていた洗脳の方法論である。3つのリッパート研究所は、いずれも政府からの助成金によって運営されている。これらの機関では、政府の主要な管理者や政策立案者が、西洋文明と合衆国憲法に基づくアメリカの確立された生活様式を損ねるよう訓練されてきたし、現在もそうしている。その意図は、米国の基盤を形成する制度を弱め、最終的には崩壊させることである。

全米教育協会

リッパートの全米教育協会に対する支配力の大きさは、洗脳された教師会員が指導者の指示通りにウィリアム・ジェファーソン・クリントンに全面的に投票したことからうかがい知ることができる。

コーニンググループ

同社はワイ農園をアスペン研究所に寄贈し、この研究所はニューエイジの新人や「ショック部隊」の主な訓練場となった。Comingの副社長であるJames Houghtonは、ウォール街にあるMorgan Guarantee and TrustのPierepoint Morgan一族のメッセンジャーである。モーガンは、毎日ロンドンから直接RIIAからのブリーフィングを受け、そのブリーフィングがINSTRUCTIONSとなって、アメリカの国務長官に伝えられるのである。

元財務長官のWilliam Fowler氏は、Corning-Aspenのインターフェースの一部だった。米国の財政政策を国際通貨基金（IMF）に移管することの第一人者であり、国際決済銀行が米国内の銀行を管理することを一貫して推し進めてきた。ワイ農園は、「ワイ合意」と呼ばれるアラブ・イスラエル和平交渉の場として重要な役割を果たした。

エグゼクティブ・コンファレンス・センター

ロバート・L・シュワルツの指揮のもと、エサレン研究所の流れを汲む「専門トレーニングセンター」として運営されている。

シュワルツはエサレン研究所で3年間過ごし、タヴィストック初の「立派な」麻薬文化の押し売りであり、アメリカの学生にLSDを紹介した責任者であるオルダス・ハクスリーと密接に仕事をしました。シュワルツは、人類学者のマーガレット・ミードやその夫であるグレゴリー・ベイトソンとも親交があった。スタンフォードとエサレンを去ったシュワルツは、メアリー・ビドル・デュークのウエストチェスターの屋敷、テリータウン・ハウスに移り、IBMとAT&Tからの多額の助成金を受けて、アメリカの産業、商業、銀行などあらゆる分野の企業経営者のために、アクエリアン、ニューエイジの初の全日制「大学院」である「Executive Conference Center」を開校したのです。

米国企業の上級幹部や管理職、特にフォーチュン500社、ビジネス界の一流企業では、シュワルツ、ミード、ベイトソン、その他のタヴィストック洗脳者が運営するセミナーで、アクエリアンエイジの方法論の訓練を受けるために一人750ドルも払っているのだ。

シュワルツは一時期、サイエントロジーと強い結びつきがあり、*『TIME』誌の*編集者でもあった。

アスペン研究所

- ニューエイジのセンターは、IBMとAT&Tから惜しみない資金援助を受けていた。

この種の情報にアクセスできないアメリカ人にとって、IBMとAT&Tというアメリカ企業の大物が、マインドコントロール、洗脳、行動修正、超越瞑想、バハイ感性教育、禅仏教、逆心理学、その他すべてのニューエイジのものと関係があるとは信じがたいことだろう。

- アクエリアンエイジのプログラムは、アメリカ人のモラルを壊し、家庭生活を弱めるように設計されている。キリスト教は教えない。

米国企業が、米国憲法や権利章典にとって危険な方法で、国内外を支配していることを知らないほとんどのアメリカ人の心には、疑念が生じるだろう。アメリカ企業がなければ、ベトナム戦争も湾岸戦争もセルビア戦争もイラク戦争もなかったでしょう。カーターやクリントンも、ホワイトハウスに座るチャンスはなかったでしょう

もしここに書かれていることが正確でないなら、これらの企業はいつでもその真実を否定することができますが、今のところ否定はしていません。アメリカ国民に名を知られている巨大企業の多くが、幹部やトップマネジメントをシュワルツ、ミード、ベイトソン、ジョン・ネスビット、ルイン、カートライトなどタヴィストックの行動修正・マインドコントロール専門家に洗脳させていると知ったら、衝撃を受けるだろう。エグゼクティブ・コンファレンス・センターで、ビジネスリーダーたちは、ウィンザー家として知られる黒人貴族とゲルフ家、RIIA、ミルナーグループ-
ラウンドテーブル、ローマクラブ、アスペン研究所に忠誠を誓うジョン・ネスビットに会った。ネスビットは、英国政府が米国と外交政策を指示するために利用したエージェントの典型である。

ネスビットは頑強な君主論者であり、産業、特に重工業のゼロ成長に関するローマクラブの専門家である。彼は、世界を封建的な国家に戻すほどのポスト工業化的なゼロ成長を信じている。ある洗脳事件で、彼はアメリカの著名な企業経営者にこう言ったという。

> "米国は英国のような君主制に向かい、議会、ホワイトハウス、最高裁が単なる象徴的、儀礼的なものになるような政治体制に向かいつつある。これは真の民主主義だろう。アメリカ国民は誰が大統領になるかなんて気にしない。どうせ半分くらいは投票に行かないのだから。アメ

リカ経済は国民国家から離れ、ますます小さな力の中心、さらには複数の国家へと向かっている。国民国家を地理的・生態的な考え方に置き換える必要がある。"

"米国は重工業の一極集中から脱却する"。自動車、鉄鋼、住宅はもう二度と生まれ変わることはない。バッファロー、クリーブランド、デトロイトなど、古い工業の中心地は死んでいくだろう。私たちは情報化社会へ向かっています。現在も、そしてこれからも多くの痛みを伴うでしょうが、全体としてこの経済は10年前よりも良くなっています。"ネスビットは、1982年にダヴィニョン伯爵が述べた言葉をそのまま引用したのである。

第31章

農業と工業のゼロ成長：アメリカのポスト工業化社会

1983年、私は「鉄鋼業の死」というタイトルの単行本を書いた。ローマクラブのフランス人貴族エティエンヌ・ダビニョンが、アメリカの鉄鋼業の規模を縮小するためにどのような役割を担っていたかを詳しく説明したものである。

出版当時、多くの人が懐疑的だったが、1970年に私が同名の論文を発表するまで、ほとんどのアメリカ人や国際史研究者が知らなかったローマクラブについての情報をもとに、私はネスビットの予言が実現すると確信し、その後7年間、すべての点ではないが、その通りになったのだ。ネスビットの予測は、まだその時期が来ていないこともあり、間違っている部分もあるが、秘密政府の意図については多くの点で当たっていた。

タビストック社の洗脳会議に出席していた産業界の大物たちは、誰一人としてネスビットの言葉に抗議することはなかった。それなら、私のような誰も知らない無名の作家にインパクトがあるわけがない。

タリータウン・ハウスでの幹部会議、研修は、リースの洗脳技術が完璧なものであることを証明していた。アメリカの鉄鋼業の崩壊、アメリカを偉大な工業国にした独自の自国市場の犠牲、憲法と権利書の破棄、世界人口の半分を抹殺する大量虐殺計画などに、喜んで参加するアメリカビジネス界のエリート、産業界の大物たちが集まったフォーラムであった。東洋の神秘主義やカバラをキリスト教に置き換え、国のモラルを崩壊させ、家庭生活を破壊するようなプログラムに拍車をかけ、将来バルカン化するアメリカ。

2005年の今日のアメリカの状況を見ると、リースと彼のタヴィストック法が、アメリカの下院と上院はもちろん、ビジネスリーダー、政治家や宗教家、裁判官や教育者、国家の道徳的守護者を洗脳する素晴らしい仕事をしたことは、誰も否定できないだろう。

1974年、マサチューセッツ工科大学（MIT）のハロルド・アイザックソン教授は、その著書『*Idols of the Tribe*』で、メキシコ、カナダ、アメリカをバルカン半島のような国家に統合するというタビストックの計画を明らかにした。私は読者に、MITがクルト・ルウィンによって設立されたことを思い出させる。クルト・ルウィンは、洗脳実験のためにドイツから追い出された人物であり、戦略爆撃調査を計画したルウィン、リースの第一の理論家であった。

アイザックソンがしたことは、スタンフォード・ウィリス・ハーモンの水瓶座の研究よりも読みやすく、かつ詳細な方法で水瓶座の計画を示しただけである。それから7年後の1981年、アイザックソンの考え（タヴィストック・アクエリアン・プラン）は、*ワシントンポスト紙の*編集者で、ウィンザー家とローマクラブのスポークスマンであるジョエル・ギャロによって世間に発表された。ギャロ氏は「北米の9つの国」と題して講演を行った。ギャロ版タヴィストックによる未来のアメリカのプランが提供された。

- 鉄鋼業の死と工業地帯である北東部の産業の衰退、そして「北東民族」の礎。

- ディキシー、南部の新興国。
- 太平洋岸北西部の沿岸縁辺からなるエトピア（ウィリス・ハーモンがアクエリアンエイジに関する論文で「エコトピア」という言葉を使っている）。
- アメリカ南西部を穀倉地帯としてメキシコと合体させるバランス。
- 中西部は「空白区」と呼ばれることになります。
- カナダの一部と島嶼部は「特別目的」に指定される予定です。(マインドコントロールと拷問が実際に行われているグアンタナモ湾の刑務所再建センターという想像を絶するものを見てしまった以上、これらの領土は将来の「収容所」の場所になるのかもしれない）。

後者の地域では、いずれも大都市は存在せず、「エコトピア」とは相反することになる。ギャロは、自分の言っていることをみんなに理解してもらうために、本と一緒に地図を提示した。問題は、アメリカ国民がギャロ氏をまともに相手にしなかったことだ。これこそ、タヴィストックが「完璧なミスフィット反応」と呼ぶ、彼らの期待する反応であった。

アメリカの右派は、ロックフェラー、ウォーバーグ、フリーメイソン、イルミナティ、外交問題評議会、連邦準備制度の陰謀、三極委員会とともに成長したのである。内部構造については、あまり公表されていなかった。

私が研究を発表し始めた1969年当時、アメリカの人々は、300人委員会、チーニ財団、マーシャル基金、ローマクラブ、そしてもちろんタヴィストック研究所、ヴェネツィアとジェノヴァの黒い貴族たちのこともほとんど聞いたことがなかった。1969年に出版した私の単行本で報告した、アメリカのタヴィストック洗脳施設のリストを紹介します。

- スタンフォード・リサーチ・センター4,300人を雇用し、年間予算は2億ドル以上。
- MIT/スローンです。5000人を雇用し、年間予算は2,000万ドル。
- ペンシルバニア大学ウォートン・スクール。700〜800人を雇用し、年間予算は3,500万ドル以上。
- 経営と行動に関する研究。40人を雇用し、年間予算は200万ドル。
- ランド・コーポレーション2000人以上を雇用し、年間予算は1億ドル。
- ナショナル・トレーニング・ラボラトリー700人を雇用し、年間予算は3,000万ドル。
- ハドソン研究所従業員数は120〜140名、年間予算は800万ドルと推定されます。
- エサレン研究所1,800〜2,000人を雇用し、年間予算は5億ドル以上。

(数字はすべて1969年)

こうして、アメリカだけでも、1989年にはすでに、10〜20の主要機関に加え、400〜500の中規模機関、5000を超える衛星グループがタヴィストックを軸にしたネットワークを形成していたのである。彼らは合わせて6万人以上を雇用し、行動科学、マインドコントロール、洗脳、世論調査、世論形成などを何らかの形で専門としています。

そして、そのすべてが、米国、憲法、権利章典に反対する活動をしていた。

1969年以降、これらの機関は拡張され、多数の新しい機関がネットワークに加えられた。民間や企業の大口寄付だけでなく、米国政府自体からも資金提供を受けている。タビストックのクライアントは以下の通りです。

- 国務省
- 米国郵政公社
- 国防省
- CIA：アメリカ海軍海軍情報局
- ナショナル・リコナイサンス・オフィス
- 国家安全保障会議
- FBI
- キッシンジャーアソシエイツ
- デューク大学
- カリフォルニア州
- ジョージタウン大学他多数

タビストックのお客様は、個人・法人を問いません。

- ヒューレットパッカード
- アールシーエー
- ツァイラーバッハクラウン
- マクドナルド・ダグラス
- IBM、マイクロソフト、アップルコンピュータ、ボーイング
- カイザー工業
- ティーアールダブリュー
- ブライス・イーストマン・ディロン
- ウェルズ・ファーゴ バンク・オブ・アメリカ

- ベクテル社
- ハリバートン
- レイセオン
- マクドネル・ダグラス
- シェル石油
- ブリティッシュ・ペトロリアム
- コノコ
- エクソンモービル
- IBMとAT&T。

これは決して完全なリストではなく、タヴィストック社はこれを厳守しています。これらは、私が取得できた名前だけです。この戦争は壊滅的な規模で、容赦なく圧力をかけてくる。アメリカ人が「アメリカではありえない」という先入観から脱却しない限り、私たちは急速に負け、圧倒されるだろう。

第32章

秘密主義のパラレル・ガバメントのトップ・レベルを明らかにする。

この強力で陰湿な敵を打ち負かす唯一の方法は、国民、特に青少年に憲法を教育し、キリスト教の信仰に堅く立つことである。そうでなければ、私たちの貴重な遺産は永遠に失われてしまうでしょう。タヴィストックがこの国を支配している力を断ち切らなければならない。

願わくば、本書が、敵と戦いたいが、これまでその敵を特定できなかった何百万人ものアメリカ人のためのトレーニングマニュアルになることを。

秘密結社が支配する政治勢力は、アメリカの共和制と憲法の理想に反対する者ばかりで、タヴィストック研究所と彼らのアメリカに対する不誠実さを暴露しようとするものはもちろん、そうした暴露を嘲笑し無視することもできない場合にも、それを好まないのである。もちろん、秘密主義的な政府の動きを暴露しようとする者は、必ず高い代償を払うことになる。

アメリカの将来に関心を持つ者なら、タヴィストック研究所がアメリカ国民と政府を操り、大多数のアメリカ人が何が起こっているのか分からないままであることを無視するわけにはいかない。秘密裏に並行するトップ・ガバメントによって国家がほぼ完全にコントロールされ、アメリカは自由で独立した国家でなくなってしまった。私たちの衰退の始まりは、一般的にウッドロウ・ウィルソンがイギリスの貴族に「選ばれた」時にまでさかのぼることができる。

米国におけるタヴィストックの最近の活動は、ホワイトハウスが中心で、G.H.W.ブッシュ元大統領、クリントン元大統領、G.H.W.大統領に働きかけました。W.ブッシュが対イラク戦争に参戦すること。Tavistockは、市民が武器を保持し持つことができる憲法修正第2条の権利を破壊するキャンペーンを主導しています。

また、立法府の主要メンバーに、もはや合衆国憲法は必要ないことを知らしめることにもなった。それゆえ、合憲性テストに適合せず、建国の父たちが意図した合衆国憲法の下では無効であるため、まったく法律になっていない新しい法律が大量に可決されているのである。

タヴィストックは現在もアメリカとイギリスの研究施設の母体であり、行動修正、マインドコントロール、意見形成の技術におけるリーダー的存在です。

サンタモニカのランド研究所は、タビストックの指導のもと、気候変動実験の一環として「エル・ニーニョ」と呼ばれる現象を作り出したのである。タヴィストックは、CIAとのマインドコントロール契約の一環として、ニューエイジのUFO実験や宇宙人の目撃談にも深く関わっている。

ランド研究所はICBMプログラムを運営し、外国政府のために一次分析を行っている。ランド社とタビストック社は、アメリカ国務省の協力と支援のもと、共産主義者であるアフリカ民族会議による買収の条件を試すため、南アフリカの白人のプロファイリングに成功しました。白人政権崩壊の前哨戦で主役を演じた "ビショップ"デズモンド・ツツも、タヴィストックの創作物である。

ジョージタウン大学は、1938年にタヴィストックに全面的に買収された。タヴィストック社の頭脳集団が計画した高等教育の中心地となるべく、その組織とプログラムは再編成された。ジョージタウン大学で、クリントン氏は大衆を操る術とごまかしの術を学んだのだから、これは米国にとって大きな意義がある。

国務省の現場担当者は全員、ジョージタウン大学で研修を受けています。有名なのは、ヘンリー・キッシンジャー、ウィリアム・ジェファーソン・クリントン、リチャード・アーミテージの3人である。ジョージタウンの「見えない軍隊」の忠実な人々は、米国に計り知れない害を及ぼしており、彼らが根絶され、暴露され、無害になる最後の時まで、間違いなくその役割を全うすることだろう。

アメリカに対する最も恐ろしい、おぞましい行為のいくつかは、タヴィストックで計画されたものです。ベイルート空港の海兵隊施設爆破事件で、最も優秀な若い軍人200人の命が奪われたことを指しているのだ。レバノンのテロリストによる攻撃が間近に迫っていることに気づいていたのは、ジョージ・シュルツ国務長官だと言われている。当時の未確認情報によると、シュルツはイスラエルの諜報機関であるモサドから攻撃を受けたことを知らされたという。

もしシュルツがそのような警告を適時に受けたのなら、彼はそれをベイルートの海兵隊基地司令官に伝えることはなかった。シュルツは、ベクテル社を通じて300人委員会の忠実な下僕であったし、今もそうである。

しかし、私がシュルツとベクテルについて疑念を表明した1年後（1989年）、モサドの高位諜報員が不満を爆発させ、その経験を本にした。

この本の一部には、私が1年前に発表したものと同じ情報が含まれており、1989年に私がシュルツに抱いた疑念は、あながち根拠のないものではなかったと思わされた。

このエピソードは、マーシャル将軍が、日本軍の真珠湾攻撃の情報をハワイ司令官に意図的に隠していた裏切りを思い起こさせる。

タヴィストックがCIAに多大な影響を及ぼしていることを示す証拠も増えている。その他、国家偵察局（NRO）、国防情報局（DJA）、財務省情報局、国務省情報局など、多くの情報機関がタヴィストックから指示を受けている。

毎年、ジョン・F・ケネディ大統領暗殺の記念日になると、彼の公開処刑の計画に果たした役割、特にMI6が果たした役割の大きさを思い知らされる。20年にわたるJFK暗殺の徹底的な調査の結果、単行本『ジョン・F・ケネディ大統領暗殺』に詳述されているように、私は真相に近づいたと信じている。

ケネディ大統領の未解決の殺人事件は、米国が象徴するすべてのものに対する重大な侮辱であり続けています。自由で主権的な国家であるはずの私たちが、毎年犯罪を隠蔽することを許しているのはなぜか。我々の情報機関は、この犯罪の犯人が誰であるかを知っているのか？ケネディの殺害が、何百万人ものアメリカ人の前で白昼堂々と行われたのは、侮辱であり、300人委員会の力が、選挙で選ばれた最高幹部でさえ防御しきれないほど及んでいることを警告しているのだと、確かに私たちは知っているのでしょう。

犯罪の加害者たちは、私たちの混乱を笑い飛ばし、自分たちが決して裁かれないことを確信し、犯罪行為の成功と、彼らの顔を隠す企業のベールを私たち国民が突き通すことができないことに栄光を感じているのです。

ケネディ暗殺の大規模な隠蔽工作は今も続いている。ベセスダ病院で撮影されたケネディの頭部のX線写真が加工されたものであるという明白な事実を無視して、確たる証拠を無視し、薄っぺらな噂に固執して、下院暗殺委員会がいかにその責務を果たさなかったかについて、我々はあらゆる詳細を知っている。

300人委員会とその下僕であるタヴィストック研究所の罪は枚挙にいとまがない。上院委員会はなぜ、ケネディの死亡診断書の奇妙な紛失を調査しようとしないのだろうか。重要な証拠の一つであり、どんなに時間がかかっても、どんなに費用がかかっても、発見されるべきものである。また、証明書に署名した海軍士官バークリー提督は、この重要な証拠の一部が奇妙な、非常に奇妙な、原因不明の消失にまつわる状況について真剣に疑問を投げかけてはいない。

ジョン・F・ケネディ殺害事件（これはタヴィストック関連のプロジェクトだったと思う）の話は、MI6とFBI第5課の責任者であるルイス・モーティマー・ブルームフィールド少佐に任せなければならない。CIAはタヴィストックの顧客であり、他の多くの米国政府機関も同様である。殺人事件から数十年、これらの機関のうち、タヴィストックとの取引をやめたところは一つもない。実際、タヴィストックは、多くの政府機関を新たに顧客リストに加えました。

資料を調べてみると、リースがタヴィストックを設立した1921年当時は、イギリスの秘密情報局SISの管理下にあったことがわかった。

このように、タヴィストックはその設立当初から、現在もそうであるように、常にインテリジェンス・ワークと密接な関係を保ってきたのです。ルドルフ・ヘスの事件は、読者の中には二次的な興味以上のものがあるのではないだろうか。ヘスは出所前夜、シュパンダウ刑務所の独房で2人のSIS諜報員に殺害されたことは記憶に新しい。

RIIAは、ウィンストン・チャーチルら英国寡頭制のメンバーとヘスがリーダーを務めるドイツのトゥーレ協会との密接な関係という、これまで秘密にしてきたことをヘスが暴露することを恐れていたのだ。

タヴィストック研究所が、11
ベッドフォード公爵、タヴィストック侯爵にちなんで命名されたことは、何より興味深いことである。その称号は息子のベッドフォード侯爵夫人（12 of the name）に受け継がれた。ヘスが戦争を終わらせるために上陸したのは、彼の地所である。しかし、チャーチルはそれを聞き入れず、ヘスの逮捕と投獄を命じた。ベッドフォード公爵の妻は、戦争が終わってもヘスが釈放されないことが明らかになると、睡眠薬の過剰摂取で自殺した。

拙著『*ルドルフ・ヘスを暗殺したのは誰か*』や『*王を作る者、壊す者-*
セシル家』で、ヘスをはじめとするヒトラーの側近たちと、第二次世界大戦勃発までいかに親密な関係にあったかを明らかにしている。もしヘスがベッドフォード公爵との作戦を成功させていたら、チャーチルをはじめ、ほとんどすべてのイギリス寡頭政治が詐欺師であることが露呈していただろう。

もしヘスがベルリンのシュパンダウで独房の囚人として、第二次世界大戦終了後、英米ソの軍隊によって、あらゆる論理に反し、膨大なコスト（1日あたり5万ドルと推定）をかけて何年も目の前で投獄されていなければ、同じことが起こっていただろう。

変わり果てたロシアは、アメリカやイギリス、特にイギリスを困らせると思ったから、突然ヘスを釈放すると発表したのだ。イギリスは軍閥の正体を暴かれるわけにはいかないので、ヘスを殺せという命令を出した。

タヴィストックは、アメリカ全土の主要都市に存在するこうした人々に、不吉な性質のサービスを提供している。彼らは、警察や市役所など、これらの都市の有力者を手のひらで操っているのです。

これはどの都市でも同じで、イルミナティやフリーメイソンがタヴィストックと一緒になって秘密権力を行使し、憲法や権利章典を踏みにじっているのである。

今日、憲法や権利章典を知らされなかったために、どれだけの罪のない人々が刑務所にいることだろう。皆、タヴィストックの犠牲者だ。テレビシリーズ「COPS」をよく見てください。

これはマインドコントロールと意見形成に関するタヴィストックの標準的な文書である。警察に逮捕・拘留された人々の憲法上の権利に対するあらゆる侵害が含まれています。COPSは、私たちが目撃する重大な権利侵害が標準であり、警察は本当に過剰な権限を持っており、すべての市民に権利がある憲法の保護措置は実際には存在しないと、国民に信じさせるように設計されていると、私は確信している。COPSプログラムは、洗脳と意見統制の最も陰湿なプログラムであり、タヴィストックがこのプログラムのどこかに関与していても全く不思議はないだろう。

第33章

米国におけるインターポール：その起源と目的を明らかにする

タヴィストックは、国際的な諜報機関として、ロックフェラー社の民間諜報機関、通称「インターポール」にもサービスを提供している。この違法な組織がワシントンD.C.の連邦政府の敷地内で、政府の保護のもとに活動を続けることが許されているのは、完全に法的義務違反である。(米国では、外国の民間警察機関が米国内で活動することは法律で禁止されています）。インターポールは、アメリカ国内で活動する外国の民間警察機関である。議会は、いつかこの厄介なイラクサを捕まえて根こそぎ引き抜くことを強いられないように、見て見ぬふりをしているのである）。

INTERPOLとは？米国司法省は、肝心な質問を避けてインターポールを説明しようとしている。1988年のマニュアルによると

> 「インターポールは政府間協定に基づいて運営されていますが、国際条約や条約、あるいはそれに類する法的文書に基づくものではありません。警察官のグループが開発・起草した憲法を基に設立され、外交官の署名のために提出することもなく、各国政府の批准のために提出することもなかった。"

なんて面白いんでしょう。なんという告白でしょうか。インターポールが米国憲法を踏みにじらないのであれば

、何も踏みにじることはない。上下両院の監視役はどこにいるのか？タヴィストックとその強力な後ろ盾であるデイヴィッド・ロックフェラーを恐れているのだろうか。議会は300人委員会を恐れているのか？少なくとも、そう思えるのです。インターポールは、われわれ人民の承認もなく、合衆国憲法と50州すべての憲法に明らかに違反し、合衆国国境内で活動する違法な組織である。

そのメンバーは、米国政府との協議を経ずに各国政府から任命された人たちです。メンバーリストは、これまで一度も上下両院の委員会に提出されたことがない。

米国におけるその存在は、一度も条約によって制裁されたことがない。このため、コロンビア、メキシコ、パナマ、レバノン、ニカラグアといった一部の麻薬統制政府が、麻薬取引に関わる人物を代表者に選んでいるのではないかとの非難が相次いでいるのです。

米国司法省の国家中央局（NCB）のビバリー・スウェットマン氏（その存在自体が憲法違反）によると、この米国政府機関は、インターポールとの情報交換のためだけに存在する。

デイヴィッド・ロックフェラーが所有・支配するインターポールは、世界中に通信網を持つ民間機関で、アフガニスタンからパキスタン、アメリカまで、何らかの形で麻薬取引に深く関与している。

パナマのニバルド・マドリン中佐、コロンビアのギレルモ・メディナ・サンチェス将軍、メキシコ連邦警察のインターポールの資格を持つ一部との交流は、この方向性を示唆している。インターポールに所属していた彼らが麻薬密売に手を染めた話は長くなるのでここでは繰り返さないが、その卑劣さは言うまでもない。

しかし、インターポールは民間組織であるにもかかわらず、1975年に国連（UN）から「オブザーバー資格」を与えられ、（国連憲章に完全に違反して）国連加盟国の組織ではなく、政府の地位もないにもかかわらず、会議に同席し、決議に投票することができるようになったのである。国連憲章によると、国連に加盟できるのは（言葉の完全な定義では）国家だけである。インターポールは国家ではないので、なぜ国連は自らの憲章に違反しているのでしょうか？

国連が欧州連合と「条約」を締結した後、憲法修正第2条の権利に基づいて保有する米国市民の手にある私兵器を見つけるために、インターポールのネットワークに大きく依存していると考えられているのである。

米国政府は加盟国のすべての民間人の武装を解除しなければならない。

合衆国憲法を支持し守るべきアメリカの議員たちはどこにいるのだろうか。昔の偉大な政治家はどこにいるのだろう？インターポールを見れば、代わりにいるのは、自分たちが作った法律を施行しない政治家や議員たちであり、あらゆる方面にあふれる明らかな誤りを正すことを恐れている。なぜなら、もし彼らが宣誓を守れば、楽な仕事を失う可能性が高くなるからだ。

すでに提供されている情報の一部を再掲する。タヴィストック研究所は、1921年、英国王室の命により英国サセックス州に設立された。心をコントロールし世論を形成することを目的としており、心理的苦痛を長期間受けると人間の心がいつ崩壊するかを、綿密な調査に基づいて科学的に確立することを目的としている。戦前にベッドフォード公爵（11 ）、タヴィストック侯爵によって設立されたことは、後ほど紹介する。

1930年代初めには、ロックフェラー兄弟の財団もタヴィストックに大きな貢献をしている。

マインドコントロールと行動修正の主要な実践者の多く

は、昔も今も、イシス-
オルジリス、カバラ、スーフィー、カタル、ボゴミル、バハイ（マニ教）神秘主義など、さまざまな思想や信条を抱く秘密結社と密接に関わっていることに注意すべきです。

素人目には、権威ある機関やその科学者がカルト、あるいは悪魔崇拝やイルミニズムに関与しているという発想そのものが信じられないのである。しかし、そのリンクは本物です。タヴィストックがなぜこのようなテーマに関心を持ったのかがわかる。

ストレスや薬物の影響下にある若者による学校での乱射事件は、これらの悲劇的な事件の多くで、犯人はほとんど必ず「声によって」指示されて殺人を犯したと主張している点で注目に値する。これらの悲劇的な事件には、マインドコントロールが働いていたことは間違いないだろう。残念ながら、このようなドラマチックなエピソードは、世間が気づくまで、まだまだ続くだろう。

文化主義、マインドコントロール、心理的ストレスの適用、行動修正などは、すべてタヴィストックの科学者が教えていることの一部です。実際、タヴィストックの科学者との関係を示すリークに警戒した英国下院は、タヴィストックのような場所が「物理的研究」と呼ぶものを行うことを合法とする法案を可決した。

しかし、「物理的研究」という言葉は非常に曖昧で、本当にその通りの意味なのか、それとも一部の評論家が主張するように、本当に行われていることを隠すために使われた言葉なのか、重大な疑念を抱かせるものである。

いずれにせよ、タヴィストック社は、一般大衆を相手にする用意がなかったのだ。しかし、私が確実に言えることは、イギリスの諜報機関であるMI6とCIAのエージェントが、タヴィストックで形而上学、マインドコントロール、行動修正、超能力、催眠術、オカルト、悪魔主義、イルミニズム、マニ教的カルトの訓練を受けているということである。

これは、中世の遺物に基づく信仰に限ったことではありません。ほんの数年前には考えられなかったような方法で、マインドコントロールに変化をもたらす邪悪な力を教えているのです。今後数年のうちに、学校、郵便局、ショッピングモールなどで起こった乱射事件は、すべて乱射事件ではなかったことが判明するだろう。これらは、入念に研究され、プロザック、AZT、リタリンなどの危険な気分転換薬を投与された、条件付きでマインドコントロールされた被験者によって行われたものである。

サムの息子」と呼ばれる殺人鬼デイヴィッド・バーコウィッツを始めとするいくつかの乱射事件の共通点は、例外なく全員が「人を撃てという声を聞いた」と捜査官に語っていることである。

オレゴン州の青年、クリップ・キンケルが母親と父親を撃った後、高校で銃を乱射した事件で、取り調べを行った捜査官に告白したものである。父と母を撃った理由を聞かれたキンケルさんは、「撃て」と言う「声」を聞いたと答えた。キンケルらがCIAのマインドコントロール実験の犠牲者であったのか、あるいはDARPAのコンピュータープログラマーによる転送で実際に「声が聞こえた」のか、誰も証明することはできないだろう。

下院監視委員会はCIAのマインドコントロール文書を要求し、学校銃乱射事件との関連性を検討する必要があります。私は、このような命令をこれ以上遅れることなくCIAに送ることが必須であると考えています。

物理的研究」というテーマでの私自身の研究に加え、CIAに14年間勤務したビクター・マラケッティは、タヴィストックが考案した物理的研究プログラムの存在を明らかにし、その中でCIA諜報員が亡くなった元諜報員の霊とのコンタクトを試みていたことを明らかにした。前出の単行本で述べたように、私は個人的に「形而上学」の分野で豊富な経験を持っており、多くの英米の情報将校がそれに洗脳されていることも事実である。

タヴィストック社はこれを「行動科学」と呼んでいますが、この10年で急速に進歩し、警官が受けるトレーニングの中で最も重要なものの1つになっています。タヴィストックのESPプログラムでは、参加者はそれぞれ「ボランティア」であり、自分の性格をESPと「相関」させることに同意し、すなわち、なぜある人は超能力者で、ある人はESPなのかという疑問に対する答えをタヴィストックが見つけるのを助けることに同意しているのです。

この演習の目的は、MI6とCIAのすべての諜報員を高度な超能力者にすることである。私がこの問題に直接関わってから何年も経つので、今も「現役」の同僚に相談したところ、タヴィストックの実験がどれほど成功したのか？彼は、タヴィストックがその技術を完成させ、ある種のMI6やCIAの諜報員を「超能力パーフェクト」にすることが可能になった、と言った。ここで説明しておかなければならないのは、CIAとMI6は、こうした事柄に関して非常に高度な機密性を保持しているということだ。

プログラムに関与する諜報員の大半は、イルミナティかフリーメイソンのメンバー、あるいはその両方であることがほとんどだ。つまり、通常世界で成功した「遠距離貫通」の技術を、今度は霊界に応用したのだ!

以前にも何度かお会いしたことのあるクルト・ルウィン博士が開発したタヴィストックの「長距離浸透と内的方向性の調整」プログラムは、主に集団に対して思想統制を行うプログラムである。このプログラムを生み出したのは、第一次世界大戦中にイギリス陸軍の心理戦局が行ったプロパガンダの普及である。この集中的なプロパガンダは、イギリスの労働者に戦争が必要であることを納得させることを目的としていた。また、ドイツが敵であり、その指導者が本物の悪魔であることをイギリス国民に納得させることも目的であった。

この大規模な努力は、1912年から1914年の間に開始されなければならなかった。なぜなら、イギリスの労働者階級は、ドイツが戦争を望んでいるとは思っていなかったし、イギリス国民も戦争を望んでいなかったし、ドイツを憎んでさえいなかったからである。この世間一般の認識を変えなければならなかったのです。二の次ではあるが、それに劣らず重要なのが、アメリカを戦争に参加させることであった。この計画は、ドイツを刺激して、タイタニック号を模した大西洋横断大型客船「ルシタニア号」を沈めることが重要な要素であった。

ニューヨークの新聞に掲載されたプレス広告で、この船が武装商船（AMC）に改造されたため、ジュネーブ条約の対象となることを警告したにもかかわらず、ルシタニア号は数百人のアメリカ人乗客を含む全乗員を乗せてリバプールに向けて出港した。

船倉には英国陸軍の弾薬が大量に積まれていたが、国際戦争規則で外航船による輸送は禁止されていた。

魚雷1本で被弾した時点で、ルシタニア号は実質的に武装商船（AMC）であった。大西洋の両岸の報道機関は、ドイツの蛮行と無防備な客船へのいわれのない攻撃の話で溢れたが、米英の国民は、まだ「条件付け」が必要で、この話を信じなかった。彼らは、「デンマークの国は何か腐っている」と感じていた。ルシタニア号の沈没で多くの犠牲者を出したことは、ウィルソン大統領にとって必要な「人為的状況」であり、アメリカの世論をドイツに対して煽った。

この経験を生かして、英国陸軍の心理戦局は、英国王室の命令でタヴィストック人間関係研究所を設立し、ダブリン近郊チャペリゾッドに生まれた弁護士の息子で、英国の報道界の大物アルフレッド・ハームスワースを配置した。その後、12
ベッドフォード公爵、ノースクリフ卿の称号を与えられた。

1897年、戦争が近づくと、ハームスワースは編集者の一人、G・W・スティーブンスをドイツに送り、『*鉄の踵の下で*』と題する16編の記事を執筆させた。

ドイツと戦争になれば、イギリスは負ける」と警告する一方で、ドイツ軍を賞賛する、まさに逆説の記事であった。

1909年、ノースクリフは社会主義者のロバート・ブラッチフォードに、ドイツに行き、ドイツ軍が英国にもたらす危険について書くように依頼した。ブラッチフォードのテーマは、自分の観察から、ドイツが
"大英帝国を破壊するために意図的に準備している
"と考えていることであった。これは、ノースクリフが1900年に『*デイリー・メール*』（彼の新聞の一つ）に発表した「ドイツとイギリスの間に戦争が起こる」という予言と呼応している。ノースクリフ社は、イギリスはもっと防衛に予算を使うべきだという社説を書いた。

戦争が始まると、ノースクリフは*『スター』紙の*編集者から、戦争の風潮を広めたと非難された。

> "カイザーの後、ノースクリフ卿は
> 他の誰よりも戦争を招いた"

この編集者は、自分自身がプロパガンダの犠牲者になっていることを知りませんでした。歴史家たちは、カイザーがドイツ軍をコントロールできる立場にはなかったという点で一致している。*スター』紙*が言及すべきはルデンドルフ将軍であった。日米開戦のその日に徴兵制の運

動を始めたのはノースクリフである。

大衆洗脳、大衆条件付けのあらゆる側面を芸術の域にまで高める機関であった。政策と規則が確立され、1930年のタヴィストックの「長距離浸透と内向きの条件付け」が頂点に達し、1931年にドイツに対して放たれたのである。

第二次世界大戦の初期に、ルーズベルト（自身は33 degreeのフリーメイソンで、シンシナティ協会を通じてイルミナティのメンバーでもある）は、アメリカを戦争に参加させるためにタヴィストックの助けを求めていた。ルーズベルトは「300人」によって、イギリスの栗を火から引き抜く仕事を任されたが、そのためには脱帽するような大事件が必要だった。

1939年から1941年にかけて、アイスランドに駐留するアメリカ海軍の潜水艦は、中立法によって戦闘員と敵対することが禁じられていたにもかかわらず、ドイツ船を攻撃し撃沈している。しかし、ドイツは報復に引き込まれることはなかった。アメリカが第二次世界大戦に突入するきっかけとなった大事件は、日本の真珠湾攻撃である。両国に対抗するタヴィストックの陰謀だった。この攻撃を容易にするために、マーシャル国務長官は、来るべき戦争を回避しようとする日本の使者との会談を拒否した。

また、マーシャルは真珠湾攻撃開始まで真珠湾の司令官への警告を意図的に遅らせた。つまり、ルーズベルトもマーシャルも、真珠湾攻撃が迫っていることを知りながら、その情報を真珠湾の現場の将校に伝えないように意図的に命じていたのである。タヴィストックは、ルーズベルトに、アメリカが第二次世界大戦に参戦するのは「よほどのことがない限りありえない」と語っていた。スティムソン、ノックス、ルーズベルトは、差し迫った攻撃を知っていたが、それを止めることは何もしなかった。

時折、思慮深い人たちから聞かれることがあります。

> 「しかし、ヘイグ卿、チャーチル、ルーズベルト、ブッシュのような指導者は、世界大戦でどれだけの命が失われるかを理解しているのではないだろうか？"

その答えは、プログラムされた個人として、「偉人」たちは人命における高いコストに関心を持たなかったということだ。ヘイグ将軍は、悪名高いフリーメイソン、イルミニズム、悪魔崇拝者で、英国の下層階級を嫌うことを何度も宣言し、難攻不落のドイツ軍陣地に次々と「英国の二等兵」を送り込んでそれを証明した。まともな軍事戦略家なら避ける戦術であったろう。

ヘイグの自軍に対する無慈悲な無視のために、何十万人もの「下層階級」の若いイギリス兵が悲劇的かつ不必要な死を遂げました。これによって、イギリス国民は、イギリス陸軍の心理戦局が予測した通り、ドイツを憎むようになったのである。本書に収録した内容の多くは、最初に公開する際に意図的に割愛したものである。アメリカの人たちは、タヴィストックの形而上学的な側面を理解する準備ができていないと思ったのです。赤ちゃんに肉は食べさせられない。ミルクが一番だ。このようにタヴィストックを紹介することで、本来なら閉ざされたままだったはずの多くの人の心が開かれたのです。

第34章

東インド会社のカルト

何世紀にもわたって、英国の寡頭政治はオカルト、形而上学、神秘主義、マインドコントロールの本場であった。ブルワー・リットンは*『エジプト死者の書の秘密』を書いた*し、アニー・ベサントの神智学協会の信奉者の多くは、今日でも彼らに人気のあるイギリスの上流階級の出身者である。南フランスや北イタリアのカタルやアルビジェンヌの子孫がイギリスに移住し、「サヴォワヤール」という名前を採用したのである。その前にはバルカン半島のボゴミールや小アジアのペリカン族がいた。これらの宗派はすべて、バビロンのマニキウス派に起源を持つ。

タヴィストック研究所は、クルト・ルインとその研究チームが開発したマインドコントロールのテクニックの一部を用いて、この種のオカルトに進出しているのである。(詳しくは「*300人委員会」をご覧ください*）。

東インド会社（EIC）、後のイギリス東インド会社（BEIC）は、その子孫が今日世界を支配している「300人」の元締めである。アヘンや麻薬の取引は、当時も今も貿易の基本である。この複雑で高度に組織化された構造から、社会主義、マルクス主義、共産主義、国家社会主義、ファシズムが生まれたのである。

1914年から、当時のニューヨーク州知事で、アメリカやヨーロッパで公職や政治家として活躍したアヴリル・ハリマンの母、E・E・ハリマン夫人がスポンサーとなった人種優生学の中心地、ニューヨークのコールド・スプリング・ハーバーで、大規模なマインドコントロール実験が行われた。

この大女将は、私財を投じて数百万ドルを注ぎ込み、ドイツの科学者をフォーラムに招いた。タヴィストックのマインド・コントロール技術の多くは、特にリースが教えた「逆心理学」の技術はタヴィストックで生まれ、現在ではアメリカ国民の心に、黒人や有色人種は白人より優れているという考え、つまり「逆人種主義」を植え付けるためのマインドコントロール演習の基礎になっています。

ドイツの科学者は、当時の有力市民からなるハリマン夫人とそのグループによって、コールドハーバーの教化に招待された（1915年）。コールド・スプリング・ハーバーで1〜2年過ごした後、ドイツに帰国したドイツ隊員たちは、ヒトラーのもと、コールド・スプリング・ハーバーで学んだ人種優生学を実践していく。これらの情報は、私の著書『*コードネーム・カーディナル*』やそれに先立ついくつかの単行本、さらに私の著書『*エイズ-その全貌*』で明らかにされるまで、すべてアメリカ国民から隠されたままだったのである。

タヴィストックとホワイトハウス

タヴィストックのマインド・コンディショニング・テクニックは、米国ではウッドロウ・ウィルソンに始まり、ルーズベルト大統領に至るまで、歴史上最高かつ最も重要な政治家たちによって一貫して使用されてきた。ルーズベルト以降のアメリカ大統領は皆、「300」とタヴィストック研究所の支配下に置かれている。

ルーズベルトは、タヴィストックの方法論で訓練された、典型的な精神的にコントロールされたプログラムされた被験者であった。戦争の準備をしながら、平和を口にした。彼は、ウィルソン大統領の違法行為を権威として、合衆国憲法上与えられていない権限を掌握し、その行為を「炉辺談話」によって説明したが、これはアメリカ国民を欺くタヴィストックのアイデアであった。もう一人のタヴィストック・ロボットのように、ジェームズ・アール・カーターと、その後継者であるブッシュ大統領は、たとえそれがあからさまに違憲であっても、自分のすることはすべてアメリカ国民の利益のために行われると信じ込ませてしまったのだ。これは、ルーズベルトのように、自分が悪いことをしていることを十分承知しながら、それでも自分の任務を喜び、イギリス王室タヴィストックからの指令を、人命を全く無視し、熱意をもって遂行したのではなく、すべてのオカルティストがそうであるように、であった。

ブッシュ長老がパナマ侵攻を命じたとき、それはあからさまな違憲行為で7000人のパナマ人の命を奪ったが、ブッシュ氏は夜も眠れなかったし、世論誘導のための「試運転」に続く無申告（違法）対イラク戦争で15万人のイラク兵が犠牲になることにも目をつぶることがなかった。

カーターは、姉の一人がアメリカでも有数の魔女であったため、オカルトには疎かった。カーターは自分が「生まれ変わったクリスチャン」であると信じていた。しかし、彼の政治キャリアは社会主義、共産主義の理想と原則に貫かれており、それを躊躇なく実行に移していたのだ。カーターは、タヴィストック社の純粋な製品である真の分裂型人格の一例である。このことは、主要メディアのコラムニストとして知られるヒュー・サイディが、1979年7月に書いた文章に記されている。

"今、ホワイトハウスの密室で働くジミー・カーターは、大統領就任後30日間で我々が知るようになったジミー・カーターではない"と。

カーターは、タヴィストックの卒業生であるピーター・ボーン博士によってプログラムされ、カーターがアナポリスに滞在している間に、同じくタヴィストックの心理学者であるハイメン・リックオーバー提督の手に渡っていたのだ。

カーターは、特別な訓練に見事に適合し、原則から逸脱することも厭わない「状況変化に適応できる人物」として、ロスチャイルド家から事前に選ばれていたのである。

ジョン・フォスター・ダレスもまた、タビストックに洗脳された人物で、国務長官としてホワイトハウスに近しい存在であった。ダレスは、国際連合（UN）の公聴会で、米国上院委員会に対し、米国がこの国際機関の一員であることの合憲性を宣誓して証言し、あからさまに嘘をついた。

ダレスは、米国の国連加盟の合憲性について上院議員を幻惑し、誤解させ、いわゆる条約に投票するよう十分な上院議員に影響を及ぼしました。

米国憲法は「協定」を認めておらず、関係国が署名した「条約」のみを認めている。しかし、ダレスの問題は、国連は国ではないということであった。そこで、タビストックは、この文書を「合意」と呼ぶように国務省に進言し、この障害を回避した。ダレスは悪魔崇拝者であり、照明家であり、多くのオカルト学会のメンバーであった。

ジョージ・ハーバート・ウォーカー・ブッシュもまた、タヴィストック・マインドコントロール・システムの卒業生として「プロダクト・トレーニング」を受けたと認定された一人である。この33 degree

Masonのパナマとイラクでの行動は、そのことを物語っている。

パナマでは、RIIAとCFRの命令で行動していたブッシュ長老は、ノリエガ将軍がパナマのロックフェラー所有の銀行のうち2つが麻薬取引チェーンのマネーロンダリング施設であることを明らかにした後、麻薬資金の保護措置を取りました。

ブッシュは、米国議会の上下両院による共同宣戦布告という唯一の憲法上の方法で表明された権限を持たず、大統領としての憲法上の権限に著しく違反する形で、米軍にパナマ侵攻を命じたのである。

建国の父たちは、大統領が戦争権を行使することを明確に禁じている。しかし、このような権力の欠如にもかかわらず、ブッシュは、再び強制的な宣戦布告を行わず、権限を超えて米軍にイラク侵攻を命じ、米国憲法への明白な侵害を繰り返したのである。タヴィストック戦争の衝撃的な犠牲者である「内的条件づけられた」アメリカ国民は、憲法がズタズタに引き裂かれるのを見ても、微動だにしなかったのだ。

エリザベス二世女王陛下は、ブッシュ・シニアの対イラク戦争の「成功」を温かく祝福し、米国憲法に背く行為に対してナイトの称号を与えた。エリザベスがアメリカの法律違反者に高い栄誉を与えたのは、今回が初めてではありません。

石油カルテルの英米のオカルティストとイルミニストは、2005年現在もイラクに対して消耗戦を繰り広げているのです。ミルナーが英ボーア戦争（1899-1903）でボーアの金を盗んだように、彼らはイラクの石油資源を血まみれの欲深い手で奪うまで止めないだろう。

この情報に対して、「不適切な対応」をしてしまうことはないでしょうか。これはアメリカの大統領の行動ではない」とでも言いたいのでしょうか。そんなバカな。

もし、それがあなたの不十分な反応なら、ボーア戦争に目を向ければ、ブッシュはボーア民族に対する絶滅戦争でキッチナー卿とミルナー卿の悪魔的な蛮行を模倣しただけだということがすぐに分かるだろう。同様に、ウェイコの悲劇はブッシュの指導下で始まり、デビッド・コレシュへの復讐は共和党の指導者によって行われたことを忘れてはならない。

リノ司法長官とクリントンが、コレッシュが有罪判決を受けた破壊政策を実行する一方で、ジョージ・ブッシュは、コレッシュと87人の支持者が死亡した陰惨な作戦の準備に主導的な役割を果たしたのである。

一般には知られていないが、タヴィストックはコレッシュとダビディアンに対するFBIとATFの襲撃計画に関与し、その指揮を執っていた可能性もあるのだ。タヴィストックは、ATFとFBIがコレッシュとその信奉者を壊滅させ、教会を焼き払うための訓練に携わった英国のSAS部隊を代表としていました。ワコは邪悪な黒魔術の悪魔崇拝の行動であり、それ以上でも以下でもない。

1er 、2 、5 、10
の下でこの凶悪犯罪と人権侵害、被害者の権利侵害に参加した人々のほとんどは、自分たちが悪魔崇拝者の手中にあることを知らなかったにもかかわらず、コレッシュと彼の信奉者の華々しい最後が、悪魔崇拝の仕事の典型であると言える。まさか、自分たちが闇の勢力に利用されているとは思いもしなかったのだ。

タヴィストックによる大規模な洗脳は、国民をコレスとダビディアンに対して敵対させ、憲法と権利章典を完全に無視して、ウェイコでの生命と財産の破壊の舞台を整えたのです。

テキサス州（あるいは他の州）には管轄権がなく、したがって彼らが行ったことを行う権限もない連邦政府の捜査官による、罪のない生命と財産の無謀な破壊は、連邦政府の行き過ぎから市民を守るための修正10条
に違反するものであった。テキサス州は、合衆国憲法とテキサス州憲法に基づく知事の義務として、ウェーコで進行していた憲法修正第10条
の違反を阻止するための介入を行わなかった。

タヴィストックは、1895年にラムゼイ・マクドナルドが「社会主義の確立に適合させるためのスパイ」としてアメリカに派遣されて以来、長い道のりを歩んできたのである。ラムゼイは、アメリカが社会主義国家になるためには、州憲法、連邦憲法の順で破壊しなければならないとフェビアンたちに報告しており、ウェイコはその目標を具現化したものであった。

ジョン・マーシャル（アメリカ合衆国第3代最高裁判官）、そしてロペス事件（9 Court of Appeals）で、連邦捜査官は、米ドルの偽造を捜査する場合を除いて、州境内では司法権を持たないことが、きっぱりと明らかにされたのである。なぜなら、いわゆる「米ドル」は「米ドル」ではなく、「連邦準備銀行券」であり、米国の通貨ではなく、政府ではない民間の中央銀行の紙幣であるからだ。

なぜ、米国政府によるものであっても、詐欺を保護するのか？憲法が書かれたとき、建国の父たちは、中央銀行を否定することで、連邦準備制度のようなインチキな運用が行われるのを防ぐことができると考えた。米国財務省の紙幣を偽造から守るための憲法上の規定である。米ドルではない連邦準備銀行の紙幣が、合衆国憲法の保護を享受できるかは疑問である。

ウェーコでは、FBIが合衆国憲法に則った偽造の捜査をしていなかったため、保安官がタヴィストック捜査官とFBI

に郡からの退去を命ずることができなかったのです。FBIは違法にウェイコにいた。これは、連邦政府がどこまで憲法違反ができるかという、周到に計画された演習の一部であった。

第一次世界大戦が始まった時、イギリスの中流階級と下層階級が、カイザーがベルギーとオランダに侵攻した時、兵士に小さな子供の腕を切り落とすように命令したという偽のプロパガンダによって、ドイツに対する反感を持ったように、タヴィストックはアメリカ人にコレッシュを憎むようにプログラムしていた。

タビストックのコレッシュに関する嘘は、昼夜を問わず放送された。コレッシュは「屋敷」で幼い子供たちとセックスしていた。木造の簡素な教会を、タヴィストックのマインド・コントローラーは「化合物」と呼んだ。タヴィストックのもう一つの重大な嘘は、ダヴィディアンが「屋敷」の中にアンフェタミン研究所を持っていたというものです。こうして、「コンパウンド」という言葉がタヴィストック社の流行語になった。

ダビデ人がガス処刑され、銃殺され、昼も夜も邪悪な音楽を聴かされ、最後は生きたまま焼かれることに、クリントン氏がゴーサインを出したのも無理はないだろう。故パメラ・ハリマンを通じて、クリントン氏はオックスフォード大学在学中にタヴィストックと出会い、マインドコントロールの洗脳を受けることになる。その後、社会主義、マルクス主義、共産主義に入門し、タヴィストックに認められ、長く務めたブッシュ・シニア氏の後を継ぐことになりました。

タビストックは、クリントンを国家の指導者に最もふさわしい人物としてアメリカ国民の心に植え付けるため、彼の世論調査プロファイリングを用いて大規模なメディアキャンペーンを計画し、実行に移した。

ジェニファー・フラワーズが過去12年間、彼女の恋人であったことを暴露した後、クリントンがCBSのインタビューを厳しく管理するよう手配したのもタビストックであり、CBSのインタビューに対するアメリカ国民の反応をコントロールしたのもタビストックであった。こうして、彼の膨大な世論調査のネットワークと意見のおかげで、クリントン大統領の座は頓挫しなかったが、もしタヴィストックがCBSのインタビューを最初から最後までコントロールしていなかったら、クリントンは不名誉な辞任に追い込まれていたことは間違いないだろう。

もしあなたが証拠を探しているのなら、もしまだ「否定」しているのなら、クリントンの逃亡とゲイリー・ハートのもっと軽い罪での有罪判決を比べてみてください。新アクエリアン時代」のホワイトハウスの弁護士として、初めてタヴィストックの方法論を学んだのがマーク・ファビアーニだった。クリントンが沈むと誰もが予想した事態に対応する彼の手腕は、ワシントンの話題となった。

ファビアニの成功の秘密を知っていたのは、イルミナティとフリーメーソン階層の側近13人だけだった。
ファビアニの後を継いだラニー・デイヴィスは、さらに成功したのである。ドクター・スピン」と呼ばれたデイビスは、ウォルシュ判事とケネス・スターという2人の特別検察官の計画を阻止し、議会では共和党の攻撃をすべて退け、共和党を完全に混乱させた。

タヴィストックの訓練を受けたこの弁護士は、クリントンの多数の議会敵に大胆な襲撃を加えた。デイビスは、DNCの選挙資金に関するトンプソン委員会の公聴会とアーカンソー州の数々のスキャンダルをきっかけに、名人芸を披露した。

タヴィストック社の計画はシンプルであり、他のシンプルな計画と同様、天才的な一撃であった。デイビスは、クリントンの悪事、資金調達のスキャンダル、ホワイトウォーターに関する記事を少しでも掲載した全米の新聞社をすべて洗い出した。その日、デイビスの側近の一人が、混雑した公聴会場に忍び込み、デイビスの切り抜き記事をまとめたフォルダーを委員一人一人に手渡したのである。

この文書には、デイビスの署名入りのメモが添えられていた。委員会が何百万ドルもかけて調査しているのは、「古いニュース」の寄せ集めに過ぎない。クリントンへの告発が昨日のニュースだったのに、何を調査する必要があったのでしょうか?

トンプソン委員会が敗北し、その後、力尽き、流通しなくなったとき、タヴィストックとホワイトハウスにとっては大勝利であった。ブレア首相は、ブッシュ大統領との戦争に踏み切った理由についてウソをついていると非難する議会の批評家たちを取りなすために、同じ方式を使わなければならなかった。ブレアは、***Daily*** *Mirrorの記事は*すべて「古いニュース」であると、不利になりかねない質問に対して答えた。質問した国会議員は、ブレア弾劾運動を主導していた。ブレアは答えず、質問をはぐらかした。議会の規則では、この議員は「出番」を終えたので、ブレアに真実を語らせようとする機会はもうないだろう。

第35章

音楽産業、マインドコントロール、プロパガンダ、戦争

特筆すべきは、1946年にアメリカに事務所を開設して以来、タヴィストックのアメリカでの影響力が大きくなったことだ。タヴィストックは、情報操作の技術を完璧にマスターしています。このような情報操作は、慎重に作られた噂から始まる。これらは通常、右翼界に植え付けられ、そこで成長し、野火のように広がっていく。タヴィストックは、右翼が風説の流布に適した場所であることを以前から知っていました。

私の経験では、ある種の噂を確かめない日はない。噂で誤報を流すという巧妙な作戦は、二重の意味で有利だ。

1)　　これでは、キュレーターに仕組まれたストーリーに信憑性があるように見えてしまう。

2)　　偽情報が虚偽であると証明される頃には、偽情報の提供者は「狂信者」「偏執的な周辺保守派」「過激派」など、より悪いレッテルを貼られても大丈夫なほど汚されているのだ。

今度そのような噂を耳にしたら、噂の出所をよく考えてから伝えてください。タヴィストックの操り人形師たちのやり方を思い出してください。巧妙な噂であればあるほど、あなたはその噂を広め、タヴィストックの陰湿な情報操作に無意識に加担することになります。

次に、タヴィストックが卒業生を養成しているもう一つの専門分野に目を向けると、買収できない、黙らせなければならない重要な政治家の暗殺について言及しています。リンカーン、ガーフィールド、マッキンリー、ケネディの各大統領の暗殺は、すべてイギリスの諜報機関MI6と関連があり、1923年以降はタヴィストック研究所と関連がある。

ケネディ大統領は、タヴィストックのマインドコントロールに耐えられないことが判明したため、権力を目指す者たちに「300人委員会より上の人間はいない」という警告を与えるために公開処刑に選ばれたのである。

ケネディの公開処刑という不気味な光景は、アメリカ国民に向けたメッセージであり、彼らは今でもそのことに気づいていないかもしれない。おそらく、タヴィストック研究所が、ケネディの処刑の青写真を提供したのだろう。また、明らかにマインドコントロールされていたリー・ハーヴェイ・オズワルドから、マインドコントロールが明らかでなかったリンドン・ジョンソンまで、参加者を一人一人厳選していたのかもしれない。従わない者、真実を暴こうとする者は、不名誉から公の場からの追放、さらには死に至るまで、さまざまな罰則を受けた。

タヴィストックによる過去と未来のアメリカ大統領のコントロールから、音楽とエンターテインメント業界へと話を進めます。アメリカ国民の巨大な層への洗脳が、「音楽・エンターテイメント産業」ほど目に見えるところはない。ビートルズがタヴィストックのプロジェクトであったことを明らかにすると、何十年も経った今でも、見当違いの、何も知らない人たちから怒られてしまう。今、私は、ビートルズの歴史をすべて知っている、彼らはミュージシャンであり、私はそうではないと言う同じ人たちに、次のような疑問を抱くことを期待しています。

ラップ」音楽もタヴィストックのプログラムの一つであることをご存知ですか？ヒップホップ」もそうです。この言葉ほど無意味で馬鹿馬鹿しいものはない（「言葉」とは言い難い）。マインドコントロールと行動修正技術者が、アメリカの主要都市におけるタヴィストックのギャング戦争計画に適合し、その一部となるようデザインしたものである。この「音楽」、そしていわゆる「ロック」や「ポップス」（タヴィストック専門用語の使用は失礼）の主な提供者は以下のとおりである。

- タイムワーナー
- ソニー
- ベルテルスマン
- 電磁妨害
- キャピタル・グループ
- シーグラム・カナダ
- フィリップスエレクトロニック
- インディーズ

タイムワーナー

年間売上高は237億ドル（1996年の数字）です。音楽出版事業では、子会社のワーナー・チャペルを通じて100万曲を保有しています。その中には、マドンナやマイケル・ジャクソンの曲も含まれています。楽譜を印刷し、出版しています。タイム・ワーナーのラップとポップスのレーベルには、アンフェタミンレプタイル、アサイラムサイアー、ライノ、マーベリック、レボリューション、ルカバップ、ビッグヘッドトッド、ワーナーREMが販売するモンスターズなどがあります。

また、タイム・ワーナーは、子会社を通じてオルタナティブ・ミュージック・レーベルの配給も行っています。オルタナティブ・ディストリビューション・アライアンスは、ヨーロッパのほとんどの地域をカバーし、特にイギリスとドイツに強いです。この2カ国がタヴィストック社の工作員に狙われているのは偶然ではない。

タイムワーナー社が宣伝する曲には、暴力、奔放なセックス、アナーキズム、悪魔主義への扇動が、ほとんどがサブリミナルだが、次第にあからさまになってきている。西ヨーロッパの若者たち（ソ連崩壊後はロシアや日本にも忍び込んでいる）のこのほとんど宗派的な支配は、何千年もかけて構築され成熟してきたヨーロッパ文明を脅かしているのだ。若者の絶大な人気と、この種のジャンクな「音楽」に対する飽くなき欲求は、タヴィストックがそれを聴く人々の心を支配しているのと同様に、見るからに恐ろしいものである。

タイム・ワーナーは、同社が所有または他社と提携する音楽クラブを通じて音楽を配信しています。コロンビアハウスはその一例です。ソニーは、コロンビアハウスの50%の株式を保有しています。

タイム・ワーナーの製造部門であるWEAは、CD、CD-ROM、オーディオ、ビデオ、デジタル多目的ディスクを製造し、別の子会社Ivy
HillはCDカバーと挿入物を印刷しています。もう一つの子会社であるアメリカン・ファミリー・エンタープライズは、ハートランド・ミュージックと50%の合弁で音楽、書籍、雑誌を販売しています。

タイム・ワーナー・モーション・ピクチャーズは、ワーナー・ブラザーズ、キャッスル・ロック・エンターテイメンツ、ニューライン・シネマズなどのスタジオや制作会社を所有しています。タイム・ワーナー・モーション・ピクチャーズは、米国で467館、欧州で464館（1989年の数字：2005年の今日、数字はもっと高い）の映画館を有しています。

放送ネットワークは、WBネットワーク、プライムスター、シネマックス、コメディー、セントラル・コートTV、セガ・チャンネル、ターナー・クラシック映画（テッド・ターナーはタイム・ワーナーの株式の10%を所有）などがあります。

中国、日本、ニュージーランド、フランス、ハンガリーで放送しています。ケーブルテレビ局の加入者数は1,230万人です。

TV/制作/配給：ワーナー・ブラザース テレビジョン、HBOインディペンデント プロダクション、ワーナー・ブラザース テレビジョン アニメーションズ、テレピクチャーズ プロダクション、キャッスルロック テレビジョン、ニューライン テレビジョン、シタデル エンターテイメント、ハンナ バーバラ カートゥーンズ、ワールドチャンピオンシップ レスリング、ターナー オリジナル プロダクション、タイムワーナー スポーツ、ターナーラーニング、ターナーホームビデオ。28,500本のテレビ番組と短編アニメーションを所蔵しています。

タイム・ワーナーはテッド・ターナーから買収したCNNラジオを所有している。また、161の小売店、ワーナー・ブックス、リッテル、ブラウン、サンセット・ブックス、オックスモア・ハウス、ブック・オブ・ザ・マンス・クラブを所有しています。

タイム・ワーナーは以下の雑誌を所有しています。People; Sports Illustrated; Time; Fortune; Life; Money; Entertainment; Weekly; Progressive Farmer; Southern Accents; Parenting; Health; Hippocrates; Asiaweek; Weight Watchers; Mad Magazine; D.C. Comics; American Express Travel and Leisure; Food and

Wine.シックス・フラッグス、ワーナー・ブラザーズ、ムービー・ワールド、シーワールド・オブ・オーストラリアなど、テーマパークも多数所有しています。

この時点で、タイム・ワーナー社の手に握られている、良きにつけ悪しきにつけ巨大な権力について、じっくり考えてみてほしい。この巨人は、明らかに、誰をも左右する存在なのです。それから、忘れてはならないのは、タヴィストック研究所のクライアントであることです。この強力な機械が世論に何をもたらし、若者の心を形成するのか、ディズニーワールドのゲイ・デイズで見たように、考えるだけでも恐ろしいことである。

ソニー

1999年のソニーの売上は487億ドルと推定されています。世界最大のエレクトロニクス企業である。音楽部門は、ロック／ラップ／ポップス、コロンビア、ラットハウス、レガシー・レコーディングス、ソニー・インディペンデント・レーベル、MIJレーベル、（マイケル・ジャクソン）、ソニー・ミュージックナッシュビル、コロンビア・ナッシュビルを統括しています。ソニーはBruce Springsteen、So-So Def、Slam Jazz、Bone Thugs in Harmony、Rage Against the Machine、Razor Sharp、Ghost-Face Killa、Crave、Ruthless Relativityなどのロック/ポップレーベルを数千社所有しています。

非常に示唆に富む言葉を並べ、暴力を煽るこの恐ろしい馬鹿騒ぎが、なぜ短期間のうちにここまで大きくなったのか、不思議に思っていたのなら、今なら分かるはずだ。ソニーが全面的にバックアップしています。Tavistockは、Rapをアナーキーとカオスに先立つ有用なメッセンジャーと見なしてきた-それはますます近づいている。

ソニーは、オルタナティブ・パンク・ロックのレーベルであるEpitaph Record、Hell Cat、Rancid、Crank Possum Records、Blue Sting RayのEpitome Surf Musicを配給しています。また、ソニーはSony/ATV Music Publishingを通じて音楽を出版しています。ソニーはマイケル・ジャクソンの「曲」のすべてと、「ビートルズ」の範囲のほとんどを所有しています。

ソニーはロウズ・シアターズ、ソニー・シアターズを所有し、テレビではゲーム番組などを放送しています。楽譜という音楽販売市場の約15%を占め、世界最大の国際的な音楽企業である。その他のソニー製品には、CD、光ディスク、オーディオカセット、ビデオカセットが含まれます。

モンテカルロにあるロウズホテルの敷地は、麻薬取引の情報センターとなっており、ホテル内で起きている「不審な動き」を従業員が直接モンテカルロ警察に報告しています。

(容疑者」というのは、ビジネスに侵入しようとする部外者のことです）。高級レセプションのスタッフの何人かは、モンテカルロ警察の訓練を受けていて、目を光らせているのです。

目的は麻薬取引の撲滅ではなく、単に「成り上がり者」が麻薬取引に手を染めるのを防ぐことにある。ロウズ・ホテルに到着した部外者は、すぐに通報され逮捕される。これらの出来事は、マスコミや世界のメディアに「警察の手入れ」として売られている。ソニーの映画部門は、コロンビア・ピクチャーズ、トライスター・ピクチャーズ、ソニー・ピクチャーズ、クラシック・トライアンフ、コロンビア・ホーム・トライスター作品の権利を持つトライアンフ・フィルムズで構成されています。テレビでは、ゲーム番組などに力を入れています。

ベルテルスマン

ラインハルト・モーンが経営するドイツの民間企業で、1999年の売上高は157億ドルと推定される。ベルテルスマンは、40カ国に200の音楽レーベルを所有し、ラップ／ロック／ポップをカバーしています。Whitney Houston; The Grateful Dead: Bad Boys: Ng Records, Volcano Enterprises; Dancing Cat; Addict; Gee Street (Jungle Brothers) and Global Soul.これらのタイトルはすべて、性的異常、薬物摂取、無法、暴力への露骨な扇動が含まれています。バーテルスマンは、カントリー＆ウエスタン系のArista Nashville（Pam Tillis）、Career（LeRoy Parnell）、RCA Label Group、BNA（Lorrie Morgan）などを所有しています。その他、スターウォーズのサウンドトラック、ボストンポップ、ニューエイジ、ウィンダムヒルなどのタイトルを持っています。ビーチボーイズ、B.B.キング、バリー・マニロウ、パラマウントスタジオの有名曲10万曲を含む70万曲の権利を管理するBMGミュージックを通じて楽譜を出版しています。米国とカナダに7つの音楽クラブを所有し、MBNAバンクのクレジットカードを製造しています。

ベルテルスマンA.G.は、世界各地で大規模なブックストア活動を展開しており、コミッティ・オブ・300の関連会社です。

ベルテルスマンは、Doubleday、Dell Publishers、Family Circle、Parent and Child、Fitness、American Homes and Gardensを保有し、スペイン、フランス、イタリア、ハンガリー、ポーランドの38誌を保有しています。ベルテルスマン社のテレビ・衛星放送チャンネルは、ヨーロッパで最大の放送局となっています。同社は非常に執念深く、自分たちの利益にならないと思うことをあえて明らかにしようとする者は、躊躇なく攻撃する。

電磁妨害

1999年の売上高は60億ドルと推定される英国企業で、46カ国に60の音楽レーベルを所有しています。ロック／ポップ／ラップ、ビートルボーイズ、クリサリス、グランドロイヤル、パーラフォン、パンプキンスマッシャー、ヴァージン、ポイントブランクです。

EMIは、ローリング・ストーンズ、ダックダウン、ノーリミット、N00トライブ、ラップアロット（ゲットーボーイズ）、そして巨大な楽譜出版事業を所有・管理しています。HMV、Virgin
Megastores、Dillons（米国）など、7カ国231店舗に直接または総合的に関与している。EMIはイギリスとヨーロッパの各地にネットワーク局を持ち、その一部はベルテルスマンと連携している。

キャピタル・グループ

ロサンゼルスの投資グループは、ブロンズ家の蒸留酒会社で、300人委員会の上級メンバーであるシーグラム社に35％の株式を売却した。
シーグラム社は、現在松下電器が所有しているユニバーサルミュージックグループ（旧MCA）の80％の株式を保有している。

1999年の売上高は140億ドルと推定されています。シーグラムは、Impact: Mechanic、Zebra、Radioactive Records、Fort Apache Records、Heavy D and the Boysなど、15万件以上の著作権を所有しています。

キャピタル・グループは、スティーブン・スピルバーグ、ジェフリー・カッツェンバーグ、デビッド・ゲフェンとジョイント・ベンチャーを展開しています。カントリー&ウエスタン部門では、Reba

McIntyre、Wynona、George Straight、Dolly Parton、Lee Anne Rimes、Hank Williamsを所有しています。

シーグラムを通じて、フィドラーズ・グリーン（デンバー）、ブロッサム・ミュージック・センター（クリーブランド）、ゴージ・アンフィシアター（ワシントン州）、スタープレックス（ダラス）などを所有しています。トロントやアトランタにも展開しています。キャピタル・グループは、映画部門を通じて、デミ・ムーア、ダニー・デ・ヴィート、ペニー・マーシャル、その他多数の映画界の著名人を所有しています。Universal Films Libraryは、Universal Films Libraryと同様、キャピタル・グループの所有です。同社は500の小売店、いくつかのホテル、ハリウッドのユニバーサル・スタジオを所有しています。

インディーズ

音楽・エンターテインメント業界で最も小さな会社の一つで、年間売上高は50億ドルと推定されています。同社は、ロック／ラップ／ポップスのレーベルの充実したポートフォリオを持ち、そのほとんどが奇妙なジャンルのものである。

カントリー&ウェスタン部門はウィリー・ネルソンを擁し、販売はビッグシックスを通じている。小売店や独立系販売店を持たずとも、米国の音楽販売の21%という驚異的なシェアを獲得しているのだ。

重要なことは、彼の収入のほとんどが、暴力的、虐待的、汚い言葉、性的示唆に富むタイトル、アナーキーなものを含む奇妙なラップ／ポップ／ロックの売り上げであり、これはアメリカの若者がとる方向を示していることだ。

フィリップスエレクトロニック

このオランダの会社は、1996年に158億ドルの売上高を記録した。主にエレクトロニクスの会社ですが、ポリグラム・ミュージックの75%を所有していることなどから、「ビッグ6」のカテゴリーに入ります。そのレーベルのポートフォリオは、ロック／ポップ／ラップのエリアです。エルトン・ジョンはその財産の一つです。フィリップスは、37万5千の著作権タイトルを持つ第3位の音楽出版社です。

フィリップスは欧州と英国の子会社を通じて、1998年に5億4,000万枚のCDとVHSテープを生産しました。モーション・ピクチャーズ部門はジョディ・フォスターを、フィリップス・テレビジョンはロバート・レッドフォードのサンダンス・フィルムとプロパガンダ・フィルムズを所有しています。

以上のことから、この巨大産業が我々の日常生活に及ぼす影響力の大きさ、アメリカの若者の心をいかに形成しているかがわかると思う。タビストックが提供する高度なコントロールとテクニックがなければ、この業界の大きな躍進はあり得なかったでしょう。私が提供した情報は、タヴィストックが私たちが見る「ニュース」、見ることを許された「ホームムービー」やテレビチャンネルの映画、聴く音楽をコントロールしていることに気づけば、あなた方の根底を揺さぶるはずです。

この巨大な事業の背後には、タヴィストック人間関係研究所がある。私がはっきりと示したように、アメリカは巨大な映画・音楽産業と歩調を合わせて行進している。これまで知られていなかった力、すなわち、300人委員会による新社会主義世界秩序の導入を容易にするために、若者の心を曲げ、ねじり、ゆがめることを唯一の目的と目標とする強力な力、新共産党が世界を支配する一つの世界政府の設立である。

私が皆さんに紹介した情報は、皆さんの子供たちやアメリカの若者たちが、無政府主義の思想や革命的熱狂、薬物摂取やフリーセックス、中絶、レズビアン、同性愛の容認などを煽られていることを知り、その将来を考える上で大きな懸念材料になるはずです。

この巨大な音楽・娯楽産業がなければ、マイケル・ジャクソンは幼稚で無味乾燥な存在だったでしょう。しかし、彼は「汲み上げられ」、タヴィストックは我が国の若者に、彼がいかに偉大で、欧米の若者たちがいかに彼を愛しているかを伝えました。また、メディアをコントロールする力とも関係があります。

音楽とエンターテインメントの業界は、私がタヴィストック・デザインと呼ぶ「公然の秘密」である以上、この重要なテーマに関する私の研究が、少なくとも私が神の怒りがアメリカ合衆国に降りかかる「ハルマゲドン」、すなわちCABの全面核戦争が勃発すると予言する2015年までは、すべての真実として受け入れられるとは思っていません。しかし、メディアの大規模なコントロールに関する限り、確かにアメリカにはタヴィストック研究所が制作したコントロールされたメディアがあることを見聞きし、読むことは、無知な観察者にとっても難しいことではありません。このことが、ブッシュ大統領を当選させ、全ヨーロッパとアメリカの有権者の少なくとも半分が驚いたことに、彼の悲惨な記録にもかかわらず、2期目の当選をもたらした。

なぜ、このようなことになったのか？答えは簡単で、アメリカのナショナルメディアが崩壊したからです。主要放送局は、公共の利益を促進する義務を放棄し、問題の両面を報道する必要を感じなくなった。

国のメディアは、『宇宙戦争』から始まった「ニュースとフィクションの混在」政策を強めている。

これは、視聴者を引き付け、収入を増加させたが、自由な社会における情報の流れに不可欠な放送の公平性という長年の原則は変わっていない。近年、この深刻な問題に拍車をかけているのが、反論を許さない右派の「カミナリ軍団」の台頭である。彼らはブッシュ政権の意見だけを放送し、タヴィストック流にニュースを歪曲し「スピン」することをためらわない。

これは、2004年に政策研究センター、国際政策意識プログラム、国際安全保障研究センターが共同で実施した調査でも確認された。彼らが発見したものは、ブッシュがなぜまだホワイトハウスにいるのかの鍵であり、プロのプロパガンダの力への賛辞である。

- ブッシュ支持者の75%は、イラクはアルカイダとは無関係であるという大統領委員会の結論に納得していない。
- ブッシュの支持者の多くは、イスラム世界の大部分がアメリカのイラク侵攻を支持していると考えていた。これは、事実と全く矛盾している。イスラム国家であるエジプトは米国を支持しておらず、エジプト人の大多数は米国がイラクから撤退することを望んでいる。世俗国家でありながら圧倒的にイスラム教徒が多いトルコは、87%の投票率でアメリカのイラク駐留に反対し、侵攻の理由を否定している。
- ブッシュ信者の70%は、イラクが大量破壊兵器を保有していたと考えている。

私がここに書いたことは、紛れもない真実であるが、それを確認するためには、大きな出来事が必要である。私の300人委員会の本が14年、ローマクラブの報告が25年かかってアレキサンダー・キング自身によって確認されたように。しかし、2005年の今日、タヴィストックがアメリカの生活のあらゆる面を支配していることは間違いない。何一つ逃げない。

2005年、私たちは、ジョージ・ブッシュ大統領によるアメリカの運営方法と、ブッシュの言動を疑問も疑いもなく受け入れることに、タヴィストック研究所とその上級師範である300人委員会の驚くべき影響力と力を目撃しているのである。

このような勘違いをする理由は、決して難しいことではない。1994年、ブッシュ政権は、イラクが使用可能な核兵器を保有していると繰り返しアメリカ国民に伝えていた。フセイン大統領がイラクのアルカイダ部隊を支援し、世界貿易センタービル（WTC）攻撃にアルカイダが関与しているというブッシュ政権の報告も、何の根拠もなく真実として流布された。しかし、轟音右翼ラジオネットワーク（RRRN）は、ハニティやコムズ、フォックスニュースなど、嬉々としてこれらの誤りを繰り返した。ハニティー氏は、視聴者に向かって、武器はシリアに移されたのだと義務的に話した。彼は、自分の主張を裏付ける証拠を何一つ提示しなかった。さらに、Fox Newsやその他のラジオ番組が大量のプロパガンダを垂れ流している。ブッシュ政権を支持するラジオ宣伝の主な代表は:

- ラッシュ・リンボー
- マット・ドラッジ
- ショーン・ハニティ
- ビル・オライリー
- タッカー・カールソン
- オリバー・ノース
- ジョン・ストッセル

- ゴードン・リディ
- ペギー・ヌーナ
- ラリー・キング
- マイケル・レーガン
- ゴードン・リディ
- ディック・モリス
- ウィリアム・ベネット
- マイケル・サベージ
- ジョー・スカーボロ

ラリー・キングは、タヴィストックで最もよく訓練された操り人形の一人である。まれにブッシュの戦争に反対する人物を番組に登場させると、2分ほどで自分の主張を述べさせ、その直後に5人の親ブッシュの「専門家」が大胆な反対論者に反論するのだ。

上記のラジオパーソナリティのほとんどは、タヴィストックの専門家から何らかのトレーニングを受けている。彼らの方法論を調べると、タヴィストックで完成されたプレゼンテーションの手法と明らかに類似していることがわかる。テレビのタレント、「ニュースプレゼンター」とその「ニュース」も同様で、内容もスタイルも何ら変わりはない。例外なく、すべてタヴィストック研究所のマークがついています。

米国は、集団マインドコントロール（洗脳）と「条件付け」の最大かつ最も永続的なプログラムの支配下にあり、これは社会のあらゆるレベルに反映されています。操作、欺瞞、共謀、ごまかし、真実半分とその双子の兄弟である明白な嘘のマスターは、アメリカ国民を喉から手が出るほど欲しがっている。

チャーチルは、「変身」する前の下院で、ボルシェビキが「ロシアを頭髪で掌握している」と述べた。あえて言えば、「タヴィストックがアメリカ人の頭と心を掌握している」ということです。

1776年の精神と建国の父に続く世代の間で起こったリバイバルの偉大な目覚めがない限り、米国はギリシャ文明やロスニー文明が崩壊したように、崩壊する運命にあるのです。

必要なのは、私たち自身の「見えない軍隊」である「ショック部隊」を編成し、アメリカ全土のあらゆる村、あらゆる町、あらゆる都市に出向き、タヴィストック軍を撤退と最後の敗北に追い込む反攻を指揮することである。

付録

だいきょうこう

当時イングランド銀行総裁で、フェビアン社会主義者ベアトリス・ポッター・ウェッブの家族と親交のあったモンタグ・ノーマンが、世界恐慌の前触れとして米国を突然訪問したのである。このように、これはアメリカを第一次世界大戦に巻き込んだルシタニア号沈没のような「仕組まれた出来事」だったのである。

1930年代の世界恐慌に至る経緯。

1928

2月23日
モンタギュー・ノーマン、フランス銀行総裁モローを訪問

6月14日
ハーバート・フーバーが共和党の大統領候補に指名される。

8月18日
モンタグ・ノーマン、イングランド銀行総裁に再選される。

11月6日
ハーバート・フーバーがアメリカ合衆国大統領に選出される。

11月17日 -
モンタグ・ノーマン、イングランド銀行総裁に再選される。

1929

1er 1月 -
ニューヨーク・タイムズ紙は、1929年に米国から金の大規模な逃避行が予想されると述べる。

1月14日 ユージン R. ブラックがジョージア州アトランタ連邦準備銀行総裁に再選されました。

1月26日
報道によると、モンタグ・ノーマンの今度の訪問は、ニューヨークからロンドンへの金の移動とは関係がないとのことです。

1月30日 モンターニュ・ノーマン、ニューヨークに到着。

1月31日
モンタギュー・ノーマンは、連邦準備銀行幹部と一日を過ごしました。

2月4日
モンタギュー・ノーマンは、彼の訪問が直ちにスターリングや金の地位に変化をもたらさないはずだと述べる。L oring M. Black, Jr.下院議員、連邦準備制度理事会に対し、モンタグ・ノーマンが信用警告を発した時、あるいはその前後に話をしたかどうかを問う決議案を提出。

2月10日
ブラック下院議員、クーリッジ大統領とメロン長官に対し、イングランド銀行の役人ではないノーマンの訪問について明らかにするよう求める決議案を提出する。

2月12日

アンドリュース、連邦準備銀行が金融情勢のコントロールを失ったという主張は幻想であるとし、再割引に作用することで市場を自由に規制できると主張する。彼の発言は、「連邦準備制度が経済のコントロールを失ったという度重なる非難を引き起こした」。"

2月19日 銀行・通貨委員会でクロの決議案が否決される。

2月26日-
*ニューヨーク・タイムズ紙*によると、多くの銀行が連邦諮問委員会に対し、株式市場投機目的の融資を制限するよう協力を求めたという。

3月4日 ハーバート・フーバー、大統領に就任。

3月12日
メロン財務長官、理事会の政策に干渉しないことを宣言
。

3月21日
シカゴ連邦準備銀行が投機的な借り入れを25～50％削減することにより、株式貸し出しを減らす措置を取る。

1er 4月 -
ナショナル・シティ銀行が4月の経済報告で、株式市場の過剰な投機を抑制するため、割引率を6%に引き上げるよう求める。ロックフェラー傘下の銀行！？

5月5日、カンザスシティ連邦準備制度理事会が再割引率を5%に引き上げる。

5月14日
ミネアポリス連邦準備銀行が再割引金利を5%に引き上げ
。

5月19日
再割引率の5％への引き上げを一律に宣言、ニューヨークとシカゴの6％への要請を拒否する。

5月23日 諮問委員会が再割引率6%を推奨。

8月9日
ニューヨーク連邦準備銀行は金利を6%に引き上げ、この動きは「賢明」と評された。

9月3日
ナショナル・シティ銀行（ロックフェラー・スタンダード・オイル系銀行）は月報で、再割引率引き上げの効果は不透明であると述べた。

10月29日
株式市場の大暴落で戦後の繁栄が終わり、無制限の空売りを含む16,000,000株が売買される。

その年の暮れには、株価の下落は150億ドルに達し、1931年の暮れには、株価の下落は500億ドルに達した。

11月
ニューヨーク連邦準備銀行が再割引率を5%に引き下げる。

11月11日
モンタグ・ノーマン、イングランド銀行総裁に選出される（11期目）。

11月15日 - 再割引率を4.5%に引き下げました。

1929年の前半を通じて、ロンドンから米国への金出荷が絶えず報道され、1月1日er
の報道が正確であるかのような印象を与えていた。しかし、株価の暴落とともに、米国からの金の逃避が本格的に始まった。

クルト・ルヴァン

クルト・ルヴァン（1890-
1947）の研究は、社会心理学や経験学習、グループダイナミクス、アクションリサーチなどに大きな影響を与えた。ルインは1890年9月9日、プロイセン（現ポーランド）のモギルノ村で生まれた。ユダヤ系の中流家庭（父親は小さな雑貨屋と農場を経営）の4人兄弟の1人であった。

15歳の時にベルリンに移り住み、ギムナジウムに入学することになった。1909年、クルト・ルインはフライベルク大学に入学し、医学を学んだ。その後、ミュンヘン大学に移り、生物学を学んだ。この頃、彼は社会主義運動に参加するようになった。特に、反ユダヤ主義との戦いや、ドイツの制度の民主化などに関心があるようだ。

ベルリン大学で博士号を取得し、科学哲学に興味を持ち、ゲシュタルト心理学に出会う。博士号は1916年に授与されたが、当時はドイツ軍に所属していた（戦場で負傷）。1921年、クルト・ルインはベルリン大学心理学研究所に入所し、哲学と心理学のセミナーを開催した。出版や教育で名を成すようになった。彼の作品はアメリカで知られるようになり、スタンフォード大学の客員教授として6ヵ月間招かれた（1930年）。1933年、ドイツの政情がかなり悪化したため、妻と娘を連れてアメリカへ渡った。

その後、タヴィストック研究所で、戦争努力（第二次世界大戦）に関連するさまざまな応用研究、特に戦闘部隊の士気への影響や心理戦に携わるようになった。彼はもともと熱心な社会主義者だった。MITにグループダイナミクスセンターを設立。また、あるプログラム-ニューヨークの「地域社会相互関係委員会」にも参加した。ルヴァンが有名になった「Tグループ」は、このプログラムから生まれたもので、宗教や人種的な偏見を解決することを目的としていた。

ルインは、海軍情報局（Office of Naval Intelligence）から資金援助を受け、その諜報員の育成に力を尽くした。ナショナル・トレーニング・ラボラトリーズ（National Training Laboratories）も、彼の集団洗脳プログラムの一つであり、企業で重要な役割を果たした。

ニール・ファーガソン

ケンブリッジ大学で教鞭をとり、現在はオックスフォード大学で教鞭をとる歴史学の教授である。これらは、政府の愛国心と政治的神話を守ることを主目的とする「宮廷歴史家」の資格である。

しかし、ファーガソン教授は、イギリス人の最も由緒ある愛国神話の一つ、すなわち、第一次世界大戦は、ベルギーの中立、フランスの自由、フランスとイギリスの帝国を、憎きフン族の軍事侵略から守るためにイギリスが介入した、偉大かつ必要な戦争だったという、象徴的な攻撃を書いたのである。ロイド・ジョージやチャーチルなどの政治家は、戦争は必要であるばかりでなく、避けられないと主張した。彼らは、トインビーが言うところの「嘘の家」であるウェリントン・ハウスのプロパガンダ工場によって、これを見事に支援されたのである。

ファーガソンは、第一次世界大戦に関する10の具体的な問いとそれに答える。最も重要な問いの一つは、合計1000万人の犠牲者を出したこの戦争は、それだけの価値があったのか、ということだ。

彼は否定的に答えるだけでなく、世界大戦は必要でも必然でもなく、むしろドイツが大英帝国にもたらす「脅威」に対する不適切な認識に基づいて、英国の政治指導者が重大な欠陥を持った決定を下した結果であると結論付けている。ファーガソン氏は「現代史における最大の過ちにほかならない」と述べている。

さらに彼は、大陸戦争を世界大戦に発展させることを最終的に決定したのは英国政府であるとして、その責任のほとんどを英国に押し付けているのだ。

イギリスにはベルギーやフランスを守る法的義務はなく、ドイツ海軍の増強は実際には脅威ではなかったと主張する。

イギリスの政治指導者たちは、ドイツ軍が、増大するロシアの工業力と軍事力、そして大規模なフランス軍に囲まれることを最も懸念していたことに気づくべきだったとファーガソン氏は主張する。さらに、開祖は戦争前夜にロンドンと交わした、イギリスの中立と引き換えにフランスとベルギーの領土を保証するという約束を守っただろうとも論じている。

ファーガソンは、「英国の介入決定は、1905年にさかのぼる、英国の将軍と外交官による秘密計画の結果であり」、「ナポレオンの規模であると想像されていた」ドイツの意図の誤った解釈に基づいていたと結論づけている。戦争勃発には、政治的な思惑も絡んでいた。ファーガソンは、外務大臣エドワード・グレイがイギリスを戦場に向かわせるきっかけを作ったと述べている。他の閣僚の大多数は躊躇していたけれど。"結局、彼らはグレイを支持することに同意した。"
"権力の座から追い落とされ、トーリーズが下院に入ることを恐れてのことだった。"

タヴィストック人間関係研究所の前身であるウェリントン・ハウスから発信される嘘とプロパガンダの威力はすさまじい。

第一次世界大戦が今日までイギリス人を悩ませ続けているように、南北戦争がアメリカ人を悩ませ続けているのである。この戦争でのイギリスの死傷者は72万3千人に達し、第二次世界大戦の2倍以上の犠牲者を出した。著者はこう書いている。

> "第一次世界大戦は、我が国の国民が耐えなければならなかった最悪の事態であることに変わりはない。"

英米の参戦で長期化した戦争の最大の代償は、ロシア政府の壊滅であった。

ファーガソンは、英国の介入がなければ、最も可能性の高い結果は、ドイツの迅速な勝利と東部での領土の譲歩であり、ボルシェビキ革命は起こらなかっただろうと論じている。

レーニンはいなかっただろうし、ヒトラーもいなかっただろう。

> "二人が野蛮な専制君主制を確立し、さらなる大虐殺を行うことができたのは、結局は戦争のおかげなのです"

ファーガソンによれば、もしイギリスが傍観していたなら、その帝国はまだ強く存続していただろうとのことだ。イギリスは、戦前から良好な関係にあったドイツと容易に共存できたと考えている。しかし、イギリスの勝利は「彼らの利益よりはるかに大きい」代償を払い、「経済的な『グローバリゼーション』の最初の黄金時代を一掃した」のである。しかし、冷酷な反ドイツのプロパガンダが、その良好な関係を敵意と憎悪に変えてしまった。

第一次世界大戦は、個人の自由を大きく失わせることにもなった。「戦時中のイギリスは、段階的に一種の警察国家になった」とファーガソンは書いている。もちろん、自由は常に戦争の犠牲となるものであり、著者はイギリスの状況をウィルソン大統領がアメリカで課した強権的な措置と比較している。

アメリカでの言論の自由の弾圧は、「自由のために戦うという連合国の主張をあざ笑うものであった」。ファーガソン教授が知っていたのは、ウィルソンが言論の自由に対して最悪の制限を課していたことだ。戦争に反対したラ・フォレット上院議員を逮捕させようとさえした。

ファーガソンは主にイギリスの聴衆に語りかけたが、プロパガンダに惑わされ、完全に操られて、ワシントンのリヴァイアサン政府に権力が集中した結果、自由が大きく失われ、悲劇的にイギリスに続いて2つの世界大戦に突入したアメリカ人にも関係があるのである。

ウェリントン・ハウスの後継であるタヴィストック研究所が、多くの人々の心を条件づけ、コントロールすることがいかに容易であるかを示したこのタイムリーな警告から、多くの貴重な教訓を学ぶことができるだろう。

"第一次世界大戦 "プロパガンダの力

イギリス、フランス、ドイツ、ベルギー、ロシアの普通の人々が望まなかった戦争の成果、それは、人生の最盛期に殺されたことである。

イギリスと帝国	2 998 671
フランス	1 357 800
ドイツ	2 037 700
ベルギー	58,402

これは主に「西部戦線」と「東部戦線」での死者を指し、他国による他戦線での損失は含まれていない。その費用は、直接法で180,000,000ドル、間接法で151,612,500,000ドルにのぼりました。

本書で言及されている第一次世界大戦の2つの戦い:

パッシェンデール1917年7月31日に始まったこの戦いは、3カ月に渡って繰り広げられた。その損失は40万人に及んだ。

ヴェルダン1916年2月21日に始まり、6月7日に終了した。70万人の兵士が殺された。

その後の宣伝活動

タヴィストック研究所はその技術を完成させ、最近の専門家の意見によれば、アメリカ政府の広告／宣伝プログラムが戦略的目標のために費やす資本と人的資源の70%が心理作戦に費やされており、これらの心理作戦が構成するプロパガンダは、アメリカ人やイギリス人になることを意味する最も重要な部分になっています。

今やプロパガンダのレベルは非常に高く、すべてを網羅し、社会科学者はそれをアメリカの生活の総体として信頼し、この持続的なプロパガンダの結果、両国の生活はシミュレーションと化してしまった。タヴィストックは、ボードリヤールからマクルーハンまでの哲学者や社会学者と同様に、このシミュレーションがやがて現実に取って代わられることを予言している。

プロパガンダに対する一般の認識は、広告やラジオのトークショーで放送される党派的なプロパガンダ、あるいは熱心なラジオの伝道師を連想させる。確かに、これらはすべてプロパガンダの一種であるが、ほとんどの場合、そのように認識されている。

広告主は、視聴者の心の中に自分の特定の製品やサービスを浸透させようとしているのです。政治評論もまったく同じことをしている。同様に、宗教放送は、信者に特定の行動方針を採用するよう動機付けること、たとえば、彼らが「聖書的」と考え、他者を排除して支援すべきと考える戦争や国を支持すること、それと同様に、無関心なリスナーの精神的志向を変えることにあるのだ。そうすることで、聴き手が説得され、話し手の考えを採用したり、その例に倣ったりして、この目標に賛同してくれることを期待するのである。特にアメリカのラジオで中東について「説教」すると、すぐにこの目的が明らかになる。

他のタイプのコミュニケーションは、あらゆる形態のメディアにおいて、意図的に偏った、あるいは誤った、不完全な報道を、真実あるいは客観的事実として提示するなど、はるかに押しつけがましいものです。実際は、タヴィストック大学の卒業生が得意とする、ニュースを装った明らかなプロパガンダである。

強制的なプロパガンダは、ウェリントン・ハウスのバーネイズによって初めて導入され、気乗りしない国民を強制的に説得するために、科学的な繰り返しによって行われるものである。第一次世界大戦は、ウェリントン・ハウスにとって、「ベルリンの虐殺者」など、数千の評判が立つほどの日々となった。

先の湾岸戦争では、アメリカ国民はサダム・フセインによる侵略を心配する気にはならなかったが、パウエル、ライス、チェイニーと次々に登場する「権威」たちは、彼らの主張が真実ではないにもかかわらず、サダム・フセインが近いうちにアメリカの上に「キノコ雲」を出現させるかもしれないとアメリカ国民に信じ込ませてしまったのだ。

サダムは近隣諸国にとって脅威である」という発言は、政府高官や軍幹部によって何度も繰り返され、やがて多くの人々がそれに加わった。

民間団体、政治評論家、知識人、芸術家、そしてもちろんニュースメディアは、たとえそれが幾重もの嘘に基づいたものであったとしても、見出しを飾ったのである。

宣伝文句は違っても、基本的なメッセージはいつも同じです。警告の量と多様な情報源は、人々の心に脅威が本物であることを確認するのに役立っています。このスローガンは、このプロパガンダ資料の聞き手と読み手が「危険」を視覚化するのに役立つ。これは、国を守るためというよりも、ヒステリーのレベルを上げることによって積極的な参加を促すために仕組まれたものだ。

これは、1900年以降、現在に至るまで、英米が関与したすべての戦争で用いられた常套手段である。その結果、恐怖の風潮は望ましい効果をもたらした。軍事研究と兵器の備蓄が急速に拡大し、セルビアとイラクで「先制攻撃」が行われたのである。

ベトナム戦争でプロパガンダは崩壊した。アメリカ人は戦闘の残忍さを自宅の居間で目の当たりにし、「防衛的」戦争という概念は崩壊したのだ。セルビアやイラクの戦争を仕組んだ者たちは、この過ちを繰り返さないように注意した。

プロパガンダの効果は絶大で、今でもほとんどのアメリカ人がベトナムは「反共」戦争だったと信じている。冷戦全般-キューバ・ミサイル危機-
からセルビアに至るまで、プロパガンダは敵対関係を盛んにし、増殖させることができた。

反共時代のプロパガンダはタヴィストックによるオーダーメイドで、1930年代に平和関係研究所が創設されて以来続いていた、マッカーシーがつまずいた世界的な米軍拡張の展開を促進するために作られたものである。

陰湿なプロパガンダには他のタイプもあります。他のタイプのプロパガンダは、社会的行動や集団の忠誠心に向けられたものです。このことは、H・V・ディックス、R・バイオン、ハドレー・カントリル、エドワード・バーネイズといった、かつてタヴィストックで活動した社会科学者が育てた、よくできたプロパガンダの波に乗って世界を席巻した道徳の衰退の出現に見ることができる。彼らの製品であるプロパガンダは、欺瞞と嘘の娼婦たちによって作り出された真実の幻想である。

書誌情報

狂気への旅路』ゴードン・トーマス

MK.ウルトラ90；CIA

アメリカン・ジャーナル・オブ・サイキアトリー』1956年1月号、ユアン・キャメロン博士。

人間心理研究会」の活動に関する資料。CIAのマインドコントロール実験の隠れ蓑だったんです。

テロリズムの倫理』エイブラハム・カプラン教授。

精神科医とテロ、ジョン・ガン教授。

説得の技術』I.R.C.ブラウン。

精神病者；狂気を理解する』アンドリュー・クロウクロフト

(狂気」を理解すれば、どんなテーマでも再現できる）。

心の戦い』インヴィクタ出版。

憑かれた心、インヴィクタ出版。

ホセ・デルガド博士の著作集

遠隔マインドコントロールの実験（ESB）：ロバート・ヒース博士。

ヒース博士はEGSを使った実験を行い、記憶の欠落、突発的な衝動（乱射など）の発生、恐怖や快楽、憎悪を命令で呼び起こすことに成功しました。

ESBエクスペリメント、ゴットリーブ。

博士の実験によれば、人間の思考、感情、感覚、欲求のすべてが脳の電気刺激によって完全に制御された精神文明人、ひいては精神文明社会全体の創造につながるのだそうだ。

ゴットリーブ博士は、突進してくる牛をその場で止めることができ、命令すれば人間を殺せるようにプログラムすることができると言った。

CIAがスティーブン・アルドリッチ博士の管理下で行った、CSEを用いた実験の詳細な記録。

アラン・キャメロン博士の研究論文集。

ゴットリーブ博士が行ったマインドコントロール実験に関する膨大な資料が130箱に詰め込まれ、CIAの命令に従って破棄されなかったものと一緒に発見されたのである。

*ニューヨーク・タイムズ』*1974年12月号"CIAのマインドコントロール実験 "を暴く。"

このほか、コールマン博士の著作『*形而上学、マインド・コントロール、ELF放射、気象改変』*が1984年に出版され、2005年に改訂されている。

同書でコールマン博士は、マインドコントロールの仕組みについて、わかりやすい例を挙げて説明している。彼は、以前の著作『*Mind Control in the 20th*
Century』を発展させ、マインドコントロールの技術がどのように進歩したかを明確に詳述しています。

*パーソナリティのダイナミックな理論。*クルト・ルヴァン博士

時間軸とモラル

*戦争のノイローゼ*W.R.バイオン（マクミラン・ロンドン1943年）

グループでの経験」（*Lancet*, 27 November 1943）

リーダーレス・グループ（ロンドン1940年）

グループでの体験談（メッセンジャー通信）

カタストロフィック・チェンジ』（英国精神分析協会）

精神分析の要素』（ロンドン、1963年

境界性パーソナリティ障害、ロンドン

*力と思想』*ウォルター・リップマン

世論」ウォルター・リップマン

*世論の結晶』*エドワード・バーネイズ

プロパガンダ、エドワード・バーネイズ

*デイリー・ミラー』*アルフレッド・ハームズワース 1903/1904

*サンデー・ミラー』*アルフレッド・ハームズワース 1905/1915

*人間の品質、*アウレリオ・ペッチェイ 1967年

*キャズム・アヘッド,*アウレリオ・ペッチェイ

*ドイツ皇帝ウィリアム2世*ウィリアム2世の書簡

*レーニン回想録』*N.クルプスカヤ（ロンドン 1942年）

*世界の危機、*ウィンストン・チャーチル

*アメリカはどう宣伝されたか』*ジョージ・クリール、ニューヨーク 1920年

*ウィルソン『新しい自由』*アーサー・S・リンク社 1956年

*アクエリアン・コンスピラシーズ』*マリリン・ファーガソン

*大衆説得の諸原則、*ドルウィン・カートライト

人間性心理学研究』 ジョン・ローリングス・リース

*人間の行動を理解する、*ゴードン・アルポート

*火星からの侵略、*ハドレー・キャンティル

*世界大戦』*H・G・ウェルズ

テラー・バイ・ラジオ」（ニューヨーク*タイムズ*紙

*科学の心理学、*オルダス・ハクスリー

王様の物語」ウィンザー公爵

*ドイツでの4年間,*ジェームズ・W・ジェラード

鉄の踵の下で』（G.W.スティーブンス

テクノトロニックの時代」ズビグニュー・ブレジンスキー

*開発経営研究所出版、*ロナルド・リッパート。

アクション・リサーチが冷戦時代の方法論になるとき

*強制の科学』*レンス・リカート

経営体制とスタイル

*精神的な緊張*H.V.ディックス

英国精神医学における精神医学の現状、H.V.ディックス

ジャングル』アプトン・シンクレア

理性への訴え マネーチェンジャー

世界大戦におけるプロパガンダの手法、ハロルド・ラスウェル

インペリアル・トワイライト、ベリタ・ハーディング

イノセンスと経験、グレゴリー・ベイトソン

神のために』ベイトソンとマーガレット・ミード

彼らは神を庭から追い出した」R.D.レイング

心のエコロジーへの一歩。人生の事実

On Our Way, フランクリン・D・ルーズベルト

民主主義国家はいかにして滅びるか、ジャン・フランソワ・ルヴェル

ディズレーリ、スタンレー・ワイントラウブ

ブルートフォース：連合軍戦略タクティクスWWII。ジョン・エリス

南アフリカの強制収容所 ネピア・ダビット

南アフリカ戦争タイムズ史』サンプソン・ロー7巻。

組織の男」ヨルゲン・シュライマン 1965年

スターリンとドイツ共産主義』ヨルゲン・シュライマン 1948年

ウィリー・マンゼンベルク 政治家列伝』バベッタ・グロス 1974年

世界大戦におけるプロパガンダの手法」ハロルド・ローウェル

プロパガンダの脅威、フレデリック・E・ラムリー 1933年

ロシア共産党の歴史』レナード・シャピロ 1960年

ノイエ・ツルヒャー・ツァイトゥング』1957年12月21日号

ボルシェビキの台頭と11月革命』A.P. Kerensky 1935年

世界を揺るがした10日間』ジョン・リード 1919年

既に公開済み

OMNIA VERITAS
OMNIA VERITAS LTD をプレゼントします。
ローマクラブ
新世界秩序のシンクタンク
20世紀に起こった数々の悲劇的、爆発的な出来事は、それ自体で起こったのではなく、確立されたパターンの中で計画されたものであった....
ジョン コールマン
これらの偉大なイベントの企画者、制作者は誰なのか？

OMNIA VERITAS
OMNIA VERITAS LTD をプレゼントします。
ジョン コールマン
陰謀者たちの階層
300人委員会の歴史
この神と人間に対する公然の陰謀は、ほとんどの人間を奴隷にすることを含んでいる...。

OMNIA VERITAS
OMNIA VERITAS LTD をプレゼントします。
ジョン コールマン
嘘による外交
英米両政府の裏切りに関する記述
国連創設の歴史は、欺瞞の外交の典型的な事例である。

OMNIA VERITAS
OMNIA VERITAS LTD をプレゼントします。
ジョンコールマン
アメリカとの麻薬戦争
アメリカとの麻薬戦争
麻薬密売が根絶できないのは、その経営者が世界で最も儲かる市場を奪われることを許さないからだ......」。
ジョン コールマン
この忌まわしい商売の真の推進者は、この世界の「エリート」たちである。

OMNIA VERITAS
OMNIA VERITAS LTD をプレゼントします
ジョンコールマン
石油戦争
石油戦争
ジョンコールマン
石油産業の歴史的な記述は、「外交」の紆余曲折を経て、私たちに迫ってくる。
各国が欲しがる資源を独占するための戦い

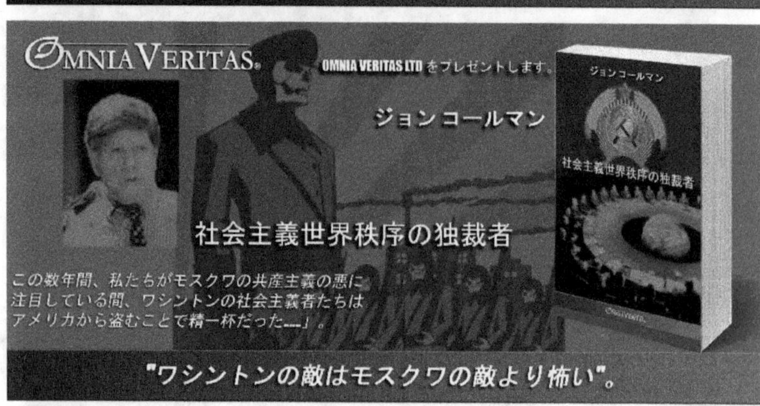
OMNIA VERITAS
OMNIA VERITAS LTD をプレゼントします。
ジョンコールマン
ジョン コールマン
社会主義世界秩序の独裁者
社会主義世界秩序の独裁者
この数年間、私たちがモスクワの共産主義の悪に注目している間、ワシントンの社会主義者たちはアメリカから盗むことで精一杯だった...」。
"ワシントンの敵はモスクワの敵より怖い"。

OMNIA VERITAS
OMNIA VERITAS LTD をプレゼントします。
フリーメイソンのすべて
21世紀になって、フリーメイソンは秘密結社というより、「秘密の社会」になってしまった。
ジョン コールマン
ジョン コールマン
フリーメイソンのすべて
フリーメイソンとは何かを解説した一冊

OMNIA VERITAS
OMNIA VERITAS LTD をプレゼントします。
ロスチャイルド家
ジョン コールマン
ロスチャイルド家
ジョン コールマン
歴史的な出来事は、しばしば「隠された手」によって引き起こされる....。

OMNIA VERITAS
OMNIA VERITAS LTD をプレゼントします。
ジョン コールマン
陰謀の彼方へ
陰謀の彼方へ
見えない世界政府の正体を暴く
歴史的な大事件はすべて、完全な思慮分別に囲まれた人間によって密かに計画されている。
ジョン コールマン
高度に組織化された集団は、常に市民に対して優位に立つことができる。

OMNIA VERITAS®
www.omnia-veritas.com

www.ingramcontent.com/pod-product-compliance
Lightning Source LLC
Chambersburg PA
CBHW070756270326
41927CB00010B/2163

* 9 7 8 1 8 0 5 4 0 0 1 4 1 *